Nada es tan terrible

RAFAEL SANTANDREU

Nada es tan terrible

La filosofía de los más fuertes y felices

Grijalbo

Primera edición: marzo de 2018
Octava reimpresión: septiembre de 2020

© 2018, Rafael Santandreu
© 2018, Penguin Random House Grupo Editorial, S. A. U.
Travessera de Gràcia, 47-49. 08021 Barcelona
© Cordon Press, por la foto de Michael J. Fox
© Alamy, por la foto de Jessica Long
© Daniel Sánchez Alonso, por la foto de Daniel Álvarez Reyes
Agradecimientos a Daniel Álvarez Reyes por su permiso para reproducir su foto.
Agradecimientos a Jessica Long por su permiso para reproducir su foto.
Agradecimientos a Michael J. Fox por su permiso para reproducir su foto.

Impreso en Colombia - *Printed in Colombia*

ISBN: 978-84-253-5585-1
Depósito legal: B-315-2018

Compuesto en Pleca Digital, S. L. U.

A mi madre, Valle,
siempre a mi lado

Índice

TERCERA PARTE
PSICOLOGÍA CONDUCTUAL Y *MINDFULNESS*

Manual de uso

¡Mala noticia!: nadie cambia por el hecho de leer un libro, ¡ni de ir al psicólogo!

¡Buena noticia!: pero se puede lograr, de manera sorprendentemente radical, con un poco de esfuerzo diario.

Efectivamente, la transformación de uno mismo requiere práctica y esfuerzo. Pero se trata del aprendizaje más importante de la vida de uno: el pasaporte a una vida mucho mejor, mucho más feliz y plena.

Este libro es una potente herramienta de transformación personal, un completo manual de autoterapia. Está basado en la psicología cognitiva, la conductual y el *mindfulness* de tercera generación, las formas de terapia más científicas, más contrastadas con estudios.

En mis consultas de Barcelona y Madrid, llevamos años viendo a miles de pacientes y tenemos una ratio de éxito de más del 80 %. Esto es, el 80 % de las personas que acuden a vernos alcanzan sus objetivos terapéuticos. Y, autoevaluándose al final de la terapia, refieren una mejora en su mundo emocional de, al menos, un 8 sobre 10. Es decir, se sienten muy felices y satisfechas con su vida (donde «0» es como llegaron a la consulta y «10», el mejor estado posible).

Con la guía adecuada —como este libro— todos podemos alcanzar —y superar— esos resultados.

Al final de cada parte se ofrecen ejercicios prácticos. Cualquiera de ellos sirve como práctica diaria. Podemos realizarlos sin un orden fijo, según la preocupación del momento.

Esos ejercicios hacen referencia a las «neuras» típicas de los seres humanos: trabajar sobre esos aspectos nos hará personas más fuertes en los diferentes ámbitos de la vida.

Sugiero que el lector disfrute, a su ritmo, de cada capítulo y realice diariamente alguno de los ejercicios (durante veinte minutos, como mínimo). Sin duda, verá crecer su músculo emocional: como en el gimnasio, ¡ganará fuerza y flexibilidad, potencia y energía!

Como diría un entrenador personal de fitness: «¡A ponernos las pilas!». ¡Aquí arranca nuestra mejor forma emocional!

PRIMERA PARTE

Todo lo que debes saber

1

Una mente del futuro, ya

En un reino de Oriente, Darío, un joven recién salido de la escuela, estaba decidido a obtener todo el éxito posible en la vida. Había sido un estudiante excelente y quería emprender el camino a la gloria.

Antes de escoger una dedicación, fue a consultar a un maestro espiritual. Habitaba en un bosque y se decía que tenía poderes sobrenaturales, como ver el futuro.

—Gran maestro —dijo Darío con respeto—, estoy por iniciar mi carrera y querría un consejo sobre adónde dirigirme. Mi propósito es tener toda la abundancia posible.

Al ver la tierna ingenuidad del muchacho, el maestro decidió proporcionarle la auténtica clave de las riquezas del mundo. Le dijo:

—En el corazón de cada hombre habitan dos diosas, de las cuales todo hombre está enamorado. Una es Sara, dueña del conocimiento. Y la otra, Raquel, la guardiana de la riqueza. ¡No lo dudes, busca con todo tu corazón a Sara, la reina del conocimiento, y cásate con ella!

—¡Pero si ésa es la diosa de la sabiduría! ¿Por qué no buscar a la otra? —preguntó Darío, confundido.

—Porque, hijo mío, en cuanto te cases con el conocimiento,

la diosa de la abundancia se pondrá celosa y acudirá a ti por sí sola.

Este cuento inmemorial nos quiere enseñar que el autoconocimiento, el desarrollo personal, es la clave para una vida feliz y próspera. Ser fuertes a nivel emocional debería ser la prioridad. Todo lo demás vendrá por añadidura.

Estoy convencido de que dentro de unos años —quizá veinte, treinta o cincuenta— dispondremos de unos maravillosos cascos de mejoramiento personal, con electrodos que enviarán señales eléctricas a nuestro cerebro para estimular cualquier función mental, con un menú en el que se podrá elegir: «estar plenamente atento», «tener un sueño reparador», «estar de un humor festivo», «disponer de supermemoria», «estar sexualmente excitado», etc. Le daremos al mando y ¡bum!: nos encontraremos justo como deseamos.

De hecho, eso ya existe —como prototipo— y se llama «electroestimulación intracraneal». Se trata de una disciplina en desarrollo a la que sólo le falta tener un mapeo muy detallado de cada función cerebral y un manejo más fino de la estimulación. No estamos nada lejos de conseguirlo.

A partir de ese día, la historia de la humanidad dará un vuelco. Prácticamente todas las personas ofrecerán su mejor versión. ¿Cómo será un mundo en el que todos seamos completamente generosos, felices, sosegados, comprensivos y creativos? Seguramente, ya no habrá más guerras ni desigualdades, cuidaremos del planeta y seremos muy espirituales.

Pero, a falta de que llegue ese día, la psicología dispone de otra vía para acercarnos a ese ideal. Se trata de estimular el cerebro con nuestro propio pensamiento, de manera que prácticamente encendamos las neuronas del placer.

Ahora mismo me encuentro en mi despacho de Barcelona, escribiendo estas líneas, mientras el sol de invierno entra por la ventana y lo baña todo. En mi estéreo suena una canción llamada «Stranger» de Paul Simon. Y me hallo en la situación mental perfecta para este trabajo: casi noto la serotonina fluir por las circunvalaciones de mi materia gris. Y quiero estar siempre así: feliz y en forma. Y sé que tengo la clave en mi diálogo mental.

¿En qué tipo de personas nos vamos a convertir si aprendemos a manejar nuestro mando a distancia emocional, si aprendemos a fondo la psicología cognitiva?

Seremos personas:

- Muy alegres.
- Capaces de activar la droga interior del éxtasis.
- Felices, independientemente de la situación.
- Rebosantes de serotonina.
- Con una gran sensación de abundancia.

La gimnasia cognitiva que estás a punto de descubrir (¡y practicar!) te dotará de todos estos atributos. Vamos a describirlos para que tengamos en mente nuestro objetivo.

1. Estar siempre alegres como monjas de clausura

Hace un tiempo visité un monasterio de clausura cercano a Burgos. Hacía calor, pero soplaba una agradable brisa que mecía los campos de trigo. Y allí, en las afueras del pueblo, se levantaba un edificio de tres siglos de vida. Tenía unos preciosos muros de mampostería tapizados de enredadera.

Dentro del edificio había un claustro con algunos árboles frutales, circundado por sus típicas columnas delgadas, entre las cuales se sentaban algunas hermanas bordando al aire libre.

Estuve charlando con ellas durante un par de horas mientras no dejaban de darle hábilmente a la aguja. Nunca olvidaré sus caras: algunas ajadas por la edad, ya entradas en la setentena; otras lozanas, de apenas veinte años; y las que, como yo, estaban a la mitad de su vida. Pero lo que me impactó es que todas rebosaban «alegría».

Estaban serenas pero, al mismo tiempo, les salía el júbilo por los ojos. Sus labios siempre prestos a convertirse en desbordante risa. Una de ellas se puso a contar unos chistes muy malos, de esos antiguos, y todas se partían de risa.

Luego me contaron cómo se sentían: plenas de corazón. Su vida de clausura estaba llena de amor, sosiego, alegría y plenitud personal.

Una alegría constante como ésa —¡incluso durante el sueño!— es uno de los primeros objetivos de nuestro trabajo personal. Y podremos conseguirlo dominando con fuerza y habilidad nuestro diálogo interno.

2. Capaces de activar la droga interior del éxtasis

A la persona mentalmente fuerte todo le parece una fuente de goce continuo. Incluso las bocinas del tráfico son divertidos sonidos, llenos de vida. Voces que le dicen que su ciudad es un lugar apasionante y repleto de goces.

Todos hemos experimentado alguna vez la experiencia de estar en un estado alterado de conciencia: mediante el consumo de drogas, o después de hacer ejercicio o en medio de la montaña. Se trata de esos momentos en los que todo es espectacular: los colores o las formas se amplifican y se convierten en hermosísimas percepciones.

Recuerdo una ocasión en la que había estado todo el día de excursión por la montaña en compañía de una querida amiga mía. Tuvimos un día espléndido y nos pasamos todo el camino charlando sobre nuestros temas comunes: la psicología, las relaciones humanas, la medicina y la nutrición.

Cuando acabamos, volví a Barcelona en tren y me apeé en el céntrico Paseo de Gracia. Y, pese a estar muy fatigado por la caminata, me puse a pasear por la ciudad, ya de noche, iluminada con las luces de los comercios. Me encontraba tan relajado que mi percepción se amplió —un poco como si hubiese ingerido una droga—. Empecé a encontrar fascinantes los árboles de las calles, las simetrías de los edificios, la suave brisa de la noche... De repente, no podía estar más lleno de alegría e interés por la vida.

Gracias a la psicología cognitiva he descubierto que es posible sentirse así durante la mayor parte de nuestra vida, simplemente porque tenemos esa función cerebral. Por lo general, la provocamos con drogas o con experiencias hermosas, pero todos tenemos a mano el interruptor de esa «función», si aprendemos a encenderlo.

Ése es otro objetivo de nuestro entrenamiento cognitivo: **dominar la droga interior** que nos hará estar continuamente embargados por la vida.

> REPASO:
>
> Objetivos del entrenamiento cognitivo:
>
> 1) Ser alegres como las monjas de clausura.
> 2) Ser capaces de activar la droga interior del éxtasis como los artistas.
> 3) ...

3. FELICES, INDEPENDIENTEMENTE DE LA SITUACIÓN

Como veremos a lo largo de este libro, ya disponemos de las técnicas para encontrarnos siempre megabien. ¡Así de simple! Incluso en momentos muy difíciles o incómodos. ¿Cómo? Gracias al control del pensamiento y, con ello, de nuestro mundo emocional.

En una ocasión estaba en Logroño comiendo con unos amigos. Ellos me explicaban que habían optado por no tener hijos. Y me preguntaron:

—Rafael, ¿tú querrías tener hijos?

—No. Yo nunca he querido. Lo tengo bastante claro. Pero si los tuviera, tampoco pasaría nada. Sería igualmente feliz. Me lo pasaría genial desarrollando métodos de educación libre. Sería bonito —respondí.

Mi amigo Andrés me miró con expresión divertida y me dijo:

—¡Rafael! ¡Acabas de describir el punto esencial del budismo! ¡Eso es la iluminación!

Yo creo que san Francisco de Asís era un buen ejemplo de persona fuerte y feliz, en cualquier situación.

Este santo iba vestido con un hábito humilde, de áspera tela de saco, pero estaba siempre contento. En muchos momentos pasaba hambre, pero eso le daba igual.

Cuando disponemos de la capacidad de ser independientes de las circunstancias se abre un mundo de posibilidades a nuestro alrededor porque perdemos todos los miedos:

—¿Trasladarse al extranjero? ¡Genial, porque nosotros sabemos estar a gusto en cualquier lugar!

—¿Cambiar de trabajo? ¡Ningún problema, porque hasta vendiendo naranjas en una esquina seríamos felices!

—¿Soltero? ¿Casado y con diez hijos? ¡Genial de todas formas!

La sensación de liberación que se experimenta al comprender que no dependemos de lo exterior ya es un gozo en sí misma. Saber que seremos felices aunque estemos en una silla de ruedas, enfermos en un hospital o como sea es uno de los frutos, en realidad, de cualquier religión bien entendida.

Ése será nuestro tercer beneficio terapéutico: la libertad de ser feliz suceda lo que suceda.

REPASO Y AÑADIDURA:

Objetivos del entrenamiento cognitivo:

1) Ser alegres como las monjas de clausura.
2) Ser capaces de activar la droga interior del éxtasis como los artistas.
3) Ser felices, independientemente de la situación, como los grandes viajeros.
4) ...

4. Rebosantes de serotonina

Más adelante hablaré de la *ananda* o la alegría sin causa, un concepto del hinduismo y del budismo. La *ananda* es la sensación de sentirse feliz sin motivo alguno.

Estar en la oficina, en el metro, esperando en un aeropuerto... y notarse increíblemente a gusto. ¿Por qué? Quizá porque me siento vivo, porque la temperatura es buena. Por lo que sea.

O caminar por una calle temprano por la mañana y aspirar aire fresco, y recibir no sólo oxígeno sino una tibia sensación de felicidad.

La persona bien amueblada con los conceptos cognitivos que aprenderemos aquí se siente así día sí, día también. Una explicación fisiológica sería que le fluyen en abundancia las sustancias de la felicidad del cerebro: la serotonina, la dopamina y demás.

Y es que éste es el cuarto regalo de la terapia cognitiva: fluidez de serotonina en el cerebro; *ananda* o alegría sin causa; sensación de bienestar intensa y gratuita.

REPASO Y AÑADIDURA:

Objetivos del entrenamiento cognitivo:

1) Ser alegres como las monjas de clausura.
2) Ser capaces de activar la droga interior del éxtasis como los artistas.
3) Ser felices, independientemente de la situación, como los grandes viajeros.

> 4) Estar rebosantes de serotonina (sin causa) como los niños en un parque de atracciones.
>
> 5) ...

5. Con una gran sensación de abundancia

La Tierra es un lugar superabundante. Y cuando uno se encuentra bien capta que todo, de alguna forma, le pertenece. Por ejemplo, las personas bellas que pasan por la calle (¡y todas lo son, de un modo u otro!). O los edificios hermosos, con sus formas simétricas, sus detalles fantásticos, sus colores que golpean dulcemente nuestras retinas.

¡Los ricos no son poseedores de las cosas! Lo son quienes saben apreciarlas.

Además, también sucede que con tanta serotonina circulando por el cerebro se refina la capacidad de hallar poesía en la vida: de ver un cuadro fenomenal en la melena verde de un árbol, de extasiarse con todo.

Y se produce una apertura a nuevas posibilidades, un despertar de la creatividad que nos hace vivir en la abundancia.

Muchos de nosotros hemos experimentado la aventura de vivir en otro país y, frecuentemente, sucede que nos sentimos más atrevidos, más emprendedores, en todos los ámbitos: para hacer amigos, para iniciar estudios o negocios, para aprender, para enamorarnos... Es como si algo se desatase en nuestro interior y nos dijese: «¡Aquí todo es fácil! ¡Hay mil oportunidades!».

Así vamos a ser cuando hayamos desarrollado nuestra capacidad cognitiva: viviremos en la abundancia como los jóvenes, llenos de vida.

Repasemos estas cinco características:

REPASO Y AÑADIDURA:
Objetivos del entrenamiento cognitivo:

1) Ser alegres como las monjas de clausura.
2) Ser capaces de activar la droga interior del éxtasis como los artistas.
3) Ser felices, independientemente de la situación, como los grandes viajeros.
4) Estar rebosantes de serotonina (sin causa) como los niños en un parque de atracciones.
5) Vivir en la abundancia como los jóvenes, llenos de vida.

2

Las dos claves de la fuerza emocional

Un joven monje llegó a un famoso monasterio. Era listo y deseaba hacer carrera: ser reconocido y dejar huella en el mundo. Al cabo de unos meses le permitieron dar algunas lecciones, pero todavía estaba a la sombra del abad, el anciano que dirigía el lugar. En sus clases se amontonaban los seguidores y en las del joven no había casi ninguno.

Con la intención de desacreditar al anciano, una noche urdió un plan. Decidió que en la clase de la mañana se plantaría delante del abad con una paloma escondida a la espalda. Luego le retaría a adivinar si el pájaro estaba muerto o vivo: si respondía «muerto», lo soltaría para que volase libremente; si decía «vivo», le retorcería el cuello y lo mostraría muerto. El truco demostraría que el viejo no era un sabio.

Por la mañana el abad inició la lección debajo de un frondoso árbol. Al poco el joven se levantó y habló bien alto:

—¡Abad! —gritó—, tengo un pájaro a mi espalda. ¿Está vivo o está muerto?

El anciano lo miró con serenidad y respondió:

—Eso, amigo mío, depende enteramente de ti.

El joven se quedó petrificado. Y, tras unos segundos, dejó volar a la paloma y se sentó a los pies de su maestro.

Esta historia de origen budista nos enseña que todas nuestras «neuras» son construcciones de nuestra mente, absurdas e innecesarias. Pero podemos aprender a soltarlas para vivir felices y en paz.

La terapia cognitiva es la escuela de psicología más estudiada en las universidades de todo el mundo. La más científica y eficaz. Pero eso no quita que beba de tradiciones de miles de años de antigüedad.

Quizá el primer aporte lo vertió Lao Tsé, quinientos años antes del nacimiento de Cristo, en una China ancestral compuesta por cientos de reinos, con sus tantos emperadores y sus sabios correspondientes.

Sólo un siglo más tarde, en la antiquísima India, lo hizo Sidarta Gautama, Buda.

Y, casi al mismo tiempo, en la occidental Grecia, varios filósofos clásicos, entre los que destacaron Diógenes y Epicteto.

Desde el inicio este «arte de vivir» fue revolucionario. Quienes lo descubrían sabían que habían hallado un tesoro. Y uno de esos afortunados fue, nada más y nada menos, que todo un emperador romano: Marco Aurelio.

Para este cordobés, que llegó a rey de reyes, aquella proto-psicología cognitiva era su bien más preciado. Ni las riquísimas propiedades, ni las glorias ganadas en la batalla eran comparables a su «ciudadela interior», la fuente de su felicidad profunda y estable. De hecho, su mayor legado no fueron construcciones ni conquistas sino un librillo al que llamó *Meditaciones*.

Y en la actualidad, todos los días, cientos de personas que

se mueven en *skateboards* parecidos a los de Marty McFly, de *Regreso al futuro*, vuelven a descubrir fascinadas aquel arte de vivir: la moderna psicología cognitiva.

Como psicólogo, he conocido a miles de personas que han hecho ese *eureka* maravilloso. ¡Yo mismo lo hago cada día! Y ahora, a través de este libro, me dispongo a traspasar este conocimiento una vez más.

¡Bienvenido al club de las personas dotadas de poder emocional! Considérate, amigo, heredero de todo un emperador.

KUNG-FU EMOCIONAL

Como chaval de los años ochenta que fui, todavía tengo frescas en mi retina las imágenes de la película *Karate Kid*. ¿Cómo olvidar al señor Miyagi? Ese anciano japonés que enseñó artes marciales a un enclenque adolescente hasta convertirlo en cinturón negro.

Las técnicas pedagógicas del señor Miyagi eran la monda: en vez de ejercicios sobre el tatami, imponía pesadas tareas de bricolaje y limpieza. Eso sí, detrás de cada esfuerzo había un aprendizaje crucial.

Uno de esos ejercicios era «dar cera, pulir cera» sobre el coche del anciano. «Dar cera, pulir cera», «dar cera, pulir cera»... Y con ello el chico aprendió los movimientos claves del kung-fu.

Pues algo muy parecido vamos a aprender aquí. Y es que la fortaleza mental tiene un entrenamiento similar, con dos movimientos que llamaremos: «renuncia y creación». Repitamos: «renuncia y creación».

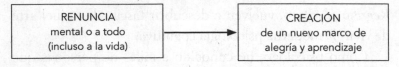

Comencemos estudiando el primer movimiento: la renuncia, la vía regia hacia la felicidad. No estaría nada mal empezar todos los días renunciando.

«Renunciar» —ese primer «dar cera»— consiste en darse cuenta de que no necesitamos casi nada para estar bien. ¡Qué liberación!

Primer paso: la renuncia

Érase una vez un hombre rico que buscaba la felicidad. Estaba dispuesto a pagar una fortuna a quien le pudiese guiar. El dinero no era un problema, así que llevaba siempre consigo una bolsa llena de diamantes y en cuanto hallaba a un maestro le decía:

—Esta bolsa es tuya a cambio del secreto de la plenitud.

Había viajado mucho, había acudido a muchos maestros, y ya era conocido en todo el país.

Un día se encontró con un gran sabio sufí sentado bajo un árbol y le dijo, una vez más:

—Voy en busca de la felicidad auténtica. Todos estos diamantes son tuyos si sabes indicarme el camino.

El maestro asintió. Se puso lentamente en pie. Y en cuanto estuvo erguido... ¡agarró la bolsa de los diamantes y echó a correr!

Nuestro hombre se quedó petrificado: no podía creer lo que veían sus ojos. ¡Un famoso maestro robando como un sucio truhán! En cuanto se recuperó empezó a perseguirlo por el pueblo:

—¡Al ladrón! ¡Me ha robado todo mi dinero! ¡No es un sabio sino un fraude!

Gritaba y corría, pero el maestro conocía bien las callejuelas y le despistó enseguida. Al poco, el hombre se derrumbó abatido en una esquina, llorando:

—¡Mis diamantes! ¡Era todo lo que poseía!

Las gentes del lugar se arremolinaron a su alrededor. Muchos le intentaban animar.

Al final le acompañaron al lugar donde había dejado su caballo, junto al árbol del maestro sufí y, ¡qué diantres!, el viejo estaba sentado allí, con la bolsa de diamantes al lado.

El viajero se lanzó sobre la bolsa y la apretó fuertemente contra su corazón:

—¡Gracias a Dios! —decía y repetía.

El maestro lo miró sonriendo y preguntó:

—¿Estás feliz ahora?

—Nunca lo estuve tanto —concluyó el viajero.

—Pues esa misma es la clave de la felicidad —concluyó el anciano.

Este cuento milenario explica que la felicidad está a nuestro alcance. El problema es que la buscamos siempre en otro lugar. Da igual que poseamos mucho o poco, que estemos sanos o enfermos... la plenitud está siempre a nuestra disposición.

Empecemos por definir la «renuncia alegre», que es algo muy diferente de la «renuncia triste»: el matiz es fundamental.

La renuncia alegre es la capacidad de no apegarse a ningún bien, a sabiendas de que hay infinidad de fuentes de bienestar, de que vivimos en una desbordante abundancia. Se trata de soltar riendo, bailando, emocionados por la vida.

¿Por qué la renuncia alegre es tan esencial para la fortaleza emocional? Veámoslo.

Las personas nos perturbamos siempre porque lamentamos algo que sucede (o podría suceder). Estamos de mal humor porque nos duele la espalda o dudamos del resultado de un examen.

Pero, en realidad, la perturbación emocional no es producto del dolor o del suspenso... sino de la NECESIDAD imperiosa de estar libre de dolor o de la OBLIGACIÓN de aprobar el examen.

Dicho de otra forma, el malestar procede de la incapacidad de ver que podríamos estar genial SIN librarnos del dolor y SIN aprobar la asignatura. ¡Eso son sólo nimiedades!

Por lo tanto, lo que nos perturba emocionalmente son siempre necesidades absurdas a las que no queremos renunciar.

La renuncia alegre —el primer movimiento del kung-fu emocional— nos enseña que podemos ser felices en cualquier caso. Ya no es necesario nada: con o sin dolor, vamos a disfrutar. Con o sin título académico, la vida va a ser genial. ¡Podemos renunciar a todo, podemos ser felices sin nada! Aquí se ha acabado la debilidad emocional.

Pero esta alegría sólo es posible si nos damos cuenta de lo que viene a continuación.

Nadar en la abundancia

Reconozco que a los seres humanos nos cuesta mucho renunciar, cuando en realidad podría ser lo más fácil del mundo. ¡Sólo hay que probarlo!

Si lo hacemos, se nos revelará que la vida es tan abundante que no hay nada que temer. De hecho, la renuncia y la abundancia son dos hechos comunicantes:

Cuando nos demos cuenta de este hecho paradójico ya no tendremos ningún problema para la renuncia. Es más, nos enamoraremos de ella: no nos apegaremos a nada porque entenderemos la vida como un jardín repleto de frutos sabrosísimos, inagotables e imperecederos.

Y la fuente de la abundancia de la vida es debida a un fenómeno que yo llamo la «gratificación creada».

Cuando viajo a Madrid me encanta visitar el Museo del Prado. He ido en treinta o cuarenta ocasiones. Escuchando mi música con los auriculares, me paseo por mis salas favoritas. Me detengo frente a los cuadros de Velázquez, Goya y Rubens, y deslizo la mirada por las pinceladas mágicas de esos genios.

Cada cuarenta minutos me doy un descanso y visito la cafetería para revisar mi correo o leer las noticias. Esas visitas al Museo del Prado son una delicia para mí.

Pero estoy seguro de que para muchos esos paseos artísticos serían una tortura. Por ejemplo, para aquellos a quienes no les gusta el arte.

Lo mismo sucede con la afición al *running* o a levantar pesas en el gimnasio. Lo que para algunos es una actividad genial para otros es un calvario.

Y es que el ser humano es el CREADOR del significado de lo que nos sucede. Si empleamos en nuestro favor —con imaginación y destreza— esa capacidad creadora, viviremos en un mundo de infinita abundancia.

Por eso, a efectos de felicidad da igual estar trabajando en la oficina que en la playa, daiquiri en mano. Podremos ser felices en ambos casos si aprendemos a crear un significado hermoso en cada situación.

En Cancún puedo relajarme y decirme a mí mismo: «Esto es vida». Y en la oficina, análogamente, puedo trabajar orgulloso y emocionado con nuevas metas y destrezas. Feliz en ambos casos.

O, todo lo contrario, en ambos sitios puedo sentirme mal por algún razonamiento neurótico: «En esta playa hace demasiado calor» o «Este curro es un palo». Aunque parezca extraño, somos nosotros quienes nos damos permiso, o no, para la felicidad.

Un gandhiano en París

Lanza del Vasto fue un joven que vivió en Francia durante el período previo a la Segunda Guerra Mundial. Se declaraba cristiano y gandhiano, practicante de la no-violencia, compositor de música clásica, escritor e intelectual global.

Y durante un año de su juventud decidió vivir en la pobreza. No pensaba trabajar ni ganar dinero en absoluto; subsistiría de la beneficencia, de la generosidad de sus amigos y de los restos que desperdicia el opulento mundo.

Su experimento resultó un éxito. Fue feliz y creativamente fértil. Y al cabo de dos años dio por finalizada la experiencia para iniciar otra: un viaje a la India para conocer a su admirado Gandhi. Más tarde fundaría en Europa un movimiento cristiano —y gandhiano— de gran calado llamado El Arca.

Pero, como explica en su autobiografía, su experiencia de renuncia en las calles de París fue un paso determinante en su crecimiento espiritual.

¿Por qué la renuncia es el primer movimiento del kung-fu emocional? Porque toda perturbación procede siempre de la creencia de que necesitamos mucho para estar bien: «¡Sin pareja, no puedo ser feliz!», «¡Hasta que no encuentre empleo, no puedo disfrutar!», «Si no recobro la salud, mi vida es un asco!».

Sin embargo, cuando activamos la renuncia comprendemos que ya lo tenemos todo para ser felices. Como Lanza del Vasto, podemos prescindir con alegría de comodidades, absurdas autoimposiciones y exigencias locas. Entonces sobreviene un auténtico nirvana.

Todas las mañanas me doy un ligero paseo por mi hermosa Barcelona. Escucho música a través del milagroso Spotify. Y celebro que nado en la abundancia, básicamente porque nada necesito y, sin embargo, dispongo de tanto...

SEGUNDO PASO: LA CREACIÓN

Un hombre rico invitó al sabio Nasrudín a una partida de caza, pero le dio por montura un caballo muy lento. El mulá no dijo nada, si bien los demás se distanciaron de él muy pronto y los perdió de vista. Al poco comenzó a llover intensamente. No había refugio en esa zona y todos los cazadores terminaron empapados.

Sin embargo, en cuanto empezó a llover Nasrudín se quitó toda la ropa, la dobló y se sentó encima de ella. Cuando cesó la lluvia se vistió nuevamente y regresó a la casa de su anfitrión para almorzar. Nadie podía comprender que el sabio estuviera seco. A pesar de sus veloces caballos, nadie había conseguido hallar refugio en la llanura. Le interrogaron y Nasrudín aclaró:

—Fue el caballo que me dieron.

Al día siguiente le ofrecieron un caballo rápido y el anfitrión se reservó el más lento. Llovió nuevamente. Mientras regresaba a su casa a paso de tortuga el rico se mojó más que nunca. Nasrudín, por su lado, repitió la operación de la jornada anterior y regresó seco.

—¡Usted es el culpable! —gritó el anfitrión—. ¡Me hizo montar ese maldito caballo!

—O quizá —dijo el mulá— usted no puso nada de su parte para resolver el problema.

Como explica este antiguo cuento, la fuente de la abundancia está en ser un buen creador de significados. Lo que también llamo «cambiar rápido de marco»; es decir, en cada situación saber ver qué nueva oportunidad se nos ofrece.

En uno de mis libros anteriores hablé de la familia Kaufman, un ejemplo excelente de «crear significado» o «saber cambiar de marco».

Neil y Samahria Kaufman eran unos felices padres de dos

hermosos niños. ¡Eran unos padrazos! No tenían ni treinta años y ya planeaban aumentar la familia.

Pero cuando Raun, su tercer hijo, cumplió dos años de edad y fue diagnosticado de autismo severo decidieron que aquello, lejos de ser una adversidad, iba a convertirse en una bendición. Los médicos les dijeron que Raun nunca llegaría a hablar y que tendría que vivir permanentemente asistido.

A los Kaufman les dibujaron un futuro de desdicha y áspero trabajo, pero ellos no lo aceptaron. Enseguida diseñaron otro: una familia unida ante la oportunidad de aprenderlo todo acerca del autismo. Una familia que iba a recibir con total amor al pequeño, incluida su enfermedad. Y se convencieron de que podrían hacer algo hermoso y gratificante con todo ello.

Tal fue su entusiasmo que crearon, durante los siguientes años, un método de comunicación autista que derivó en una cura para su hijo Raun. Se convirtió en el primer caso de la historia de autismo revertido.

Después de aquella increíble experiencia los Kaufman se hicieron famosos y establecieron un exitoso centro de tratamiento que ahora, más de treinta años después, dirige ¡el propio Raun!

Éste es un ejemplo fantástico de cambio de marco. Los Kaufman se dijeron: «Si no podemos ser felices de una manera, lo seremos de otra; porque incluso la enfermedad ofrece mil maneras de crecer y disfrutar».

Nuestro día a día está lleno de situaciones en las que entrenar este segundo movimiento de la fortaleza emocional: la creación de un nuevo marco. Si vamos en coche y nos encontramos con un atasco... es hora de relajarse y practicar nuestras dotes de canto (yo tengo un amigo que aprovecha para aprenderse las letras de las canciones). O si en el trabajo tenemos un jefe maleducado... es hora de aprender a manejar personas difíciles e incluso intentar lograr que cambien.

Pero cada vez que nos negamos a renunciar a algo bloqueamos esa capacidad de crear nuevos retos, nuevas gratificaciones. Y la abundancia de la vida requiere saber ser felices en cualquier situación. Renuncia y creación de un nuevo marco.

Enamorado de una banana

Cuentan que los pigmeos de África utilizan un curioso truco para cazar monos. Construyen una jaula con barrotes muy juntos, de forma que entre tronco y tronco apenas cabe la mano del animal, y dentro depositan una banana grande y hermosa.

El mono ve la reluciente fruta y, salivando, mete la mano entre las pequeñas aberturas que hay entre los barrotes. Lo que después sucede es asombroso: el mono no puede sacar la banana de la jaula porque no pasa por los estrechos huecos del maderamen ¡y se queda aferrado a la fruta! ¡Es incapaz de soltarla! Los pigmeos acuden entonces y le lanzan una red encima. Así de simple.

Quizá sea estúpido el comportamiento del mono, pero la verdad es que el ser humano, una y otra vez, hace algo muy similar. Cuando nos negamos a renunciar a algo nos quedamos atrapados en una jaula mental que nos produce todo tipo de ansiedad. Yo he visto a tantas personas aferradas a la banana de tener hijos, a la de que vuelva determinada pareja, a la de recuperar la salud... que su vida era una auténtica jaula, una prisión muy oscura.

Vaciar el zurrón

Siempre que nos quedamos aferrados a una banana eliminamos la magnífica abundancia que ofrece la vida. Ya se han acabado los paseos por el bosque, el resto de los frutos y los juegos.

Las bananas más comunes son la pareja, la salud, el estatus, la seguridad o la comodidad, pero podemos estar esclavizados por cualquier supuesto bien.

Somos como monos porque no nos damos cuenta de que si dejamos caer cualquiera de esos beneficios obtendremos muchísimo más, y además recuperaremos una libertad genial.

Muchas veces me han preguntado hasta qué punto hay que renunciar, y yo creo que hay que renunciar a todo porque todo lo vamos a perder, incluso la vida. Cuando llegue el momento en que ésta esté en peligro, lo único que nos va a calmar va a ser renunciar y crear un nuevo marco.

Habrá que decirse entonces: «Es posible que deje de vivir, pero eso no será ninguna tragedia. Hasta entonces voy a situarme en el marco de ser el mejor enfermo posible e intentar curarme. Mientras tanto amaré al mundo con la mayor intensidad posible».

Eso es. No lo olvidemos nunca. No nos quedemos nada en el zurrón de la renuncia. Nuestro señor Miyagi particular nos está repitiendo una y otra vez: «Si quieres dominar el kung-fu emocional, renuncia y crea, renuncia y crea».

En este capítulo hemos aprendido que:

- Existen dos movimientos para la salud emocional: «renunciar» y «crear».
- «Renunciar» es saber prescindir de los bienes innecesarios.
- «Crear» es saber encontrar una forma de disfrutar con lo que nos queda, en cada momento.
- A mayor capacidad de «renuncia», mayor «creación» y mayor abundancia de posibilidades de disfrute.
- La fortaleza emocional nos pide no quedarnos con nada: ser capaces de renunciar a todo lo que no sea la comida y la bebida del día.

3

La mejor manera de practicar

Un maestro budista se hallaba dando una lección. En un momento dado levantó un vaso de agua. Todo el mundo esperaba la típica pregunta: «¿Está medio lleno o medio vacío?».

Sin embargo, inquirió:

—¿Cuánto pesa?

Las respuestas variaron entre 200 y 250 gramos.

El maestro respondió:

—Amigos míos, el peso en gramos no importa. Lo que cuenta es «lo que nos pesa», y eso depende de cuánto tiempo lo sostenemos. Si lo sostenemos un minuto, no es problema. Si lo sostenemos una hora, nos dolerá el brazo. Y si lo sostenemos un día, el brazo se entumecerá y se paralizará. El peso en gramos no varía, pero cuanto más tiempo lo sujeto, más difícil de soportar se vuelve.

Y continuó:

—Las preocupaciones son como el vaso. Si piensas en ellas un rato, no pasa nada. Si piensas un poco más, empiezan a doler. Y si piensas en ellas todo el día, acabas sintiéndote paralizado, incapaz de vivir.

Su conclusión resumía buena parte de la doctrina budista:

—Recordad: hay que saber soltar.

Este libro contiene un mensaje extraño: que toda la infelicidad humana, todos los sentimientos y todas las emociones agudas de ansiedad, desesperación, rabia o vergüenza son innecesarios.

Son comunes, pero eso no significa que sean necesarios y, por supuesto, buenos. ¡Podemos aprender a salirnos del sentir general para comprobar qué bien se vive en el otro lado!

Como hemos visto ya, lo primero que hemos de hacer es darnos cuenta de que nosotros, los seres humanos, somos los CREADORES de casi todas las emociones. ¡No nos damos cuenta de ello, pero lo somos! Y, con un poco de esfuerzo por nuestra parte, podremos aprender a CREAR sólo emociones negativas suaves y montones de emociones constructivas e incluso sublimes.

Independientemente de lo mal que nos traten, de lo mal que hagamos las cosas, de lo fatales que sean las condiciones en las que vivamos, SIEMPRE tendremos el poder de transformar nuestros sentimientos de ansiedad, desesperación y rabia. Y no sólo disminuirlos, sino prácticamente eliminarlos de nuestro repertorio emocional.

Y esto es posible porque nuestros pensamientos son los responsables de ese mundo emocional, en casi todas las ocasiones.

FELIZ, AUNQUE SE MUERA MAMÁ

Un paciente llamado Jaime me contó en una ocasión la siguiente anécdota. Jaime estaba bastante iniciado en la terapia cognitiva y su vida fluía ya de una manera mucho más suave y alegre. Pero un soleado domingo, paseando por la ciudad, recibió un mensaje de su hermana. El whatsapp decía: «A mamá le han encontrado un cáncer; parece bastante serio. Llámame cuando puedas».

En ese momento todo el dulce bienestar de Jaime se vino abajo: «Oh, no —pensó—. Con lo delicada que está mamá, no va a salir de ésta».

En cuestión de minutos su mente se sumió en un mar de pensamientos del tipo: «Le quedan pocos meses y yo he sido muy poco considerado», «¡Nos espera un período muy duro! ¡Este golpe va a ser enorme!»...

Y, en un momento dado, se vio llorando en medio de la calle.

Pero justo entonces, en ese tumulto de emociones agudas, se acordó de nuestra terapia: «¡Pero cómo! ¡Rafael me ha enseñado a no terribilizar jamás! ¿No será eso lo que estoy haciendo?».

Decidido, entró en una cafetería y sacó papel y un bolígrafo, dispuesto a CREAR un nuevo marco emocional. ¡Sí, había aprendido ya, con algunas experiencias menores, que podía hacerlo y quizá esa ocasión no era diferente!

Al cabo de media hora, por extraño que parezca, salió de allí sereno, optimista y, casi diría, feliz. Sí, había una adversidad que preferiría no tener que vivir, pero ahora la aceptaba plenamente y, todavía mejor, estaba decidido a emplearla como algo hermoso y útil. ¡Sí, con su mente, en menos de una hora había dado un vuelco a su mundo emocional!

Sus pensamientos ahora eran: «Voy a atender a mamá con todo mi cariño y voy a ser feliz con ello», «Tengo una oportunidad maravillosa de transmitirle amor y paz; incluso de enseñarle la psicología cognitiva que he aprendido. La vida me ofrece una hermosa oportunidad».

Enseguida veremos con exactitud qué hizo Jaime para transformar su estado mental. Pero, de entrada, nos interesa ser conscientes de que las personas podemos cambiar de manera radical nuestro mundo interior, igual que hizo él aquella mañana de domingo.

LA PRÁCTICA ESTÁNDAR

Para convertirnos en expertos en la gestión de las emociones tenemos que desarrollar la habilidad de seguir los dos pasos descritos en el capítulo anterior:

LOS DOS PASOS DE LA PSICOLOGÍA COGNITIVA

Y hacerlo todos los días, de manera sistemática, durante toda nuestra vida. Al principio de manera formal, quizá con papel y un bolígrafo y dedicando una hora todos los días. Y después de forma automática y en cuestión de segundos o minutos.

En un inicio, para practicar, podemos seguir el siguiente esquema:

PERTURBACIÓN	1) RENUNCIA	2) NUEVO MARCO Y SU BENEFICIO
Ansiedad ante un examen	¡Pero si no necesito aprobarlo! ¡Que le den!	Si no apruebo, no pasa nada. Podré partir de cero y descubrir un nuevo sistema de estudio que, a la larga, sea realmente eficaz.
	¡Suspender puede ser incluso una gran oportunidad!	En el peor de los casos, si no pudiese aprobar ningún examen jamás, me dedicaría a un trabajo de tipo práctico, que no requiera estudios. Pero, ¡cuidado!, en eso pondría todo mi cariño y motivación para tener éxito y ser muy feliz.
Miedo ante una enfermedad	No necesito estar sano para ser feliz.	Voy a ser el mejor enfermo del mundo; me cuidaré de manera ejemplar, e incluso ayudaré a otros. ¡Puedo disfrutar de este reto!
	No necesito vivir más de lo que me marcará el destino, en un momento dado.	Y si no superase esta enfermedad, no pasaría nada en absoluto: simplemente disfrutaré intentando curarme hasta el final. Y, una vez muerto, ya no habrá ninguna preocupación.
Enfado porque mi mujer me ha faltado al respeto	No necesito que todo el mundo me trate bien todo el tiempo.	Las faltas de respeto son oportunidades de hacerme más independiente de la actuación de los demás. Voy a mejorar mi sistema de valores y no daré tanta importancia a la imagen personal, a mi absurda necesidad de prestigio.
	Y menos mi esposa, que se merece toda mi comprensión, mi perdón y mi ánimo.	Voy a ir cambiando a mi esposa poco a poco, con inteligencia y amor, ¡hasta convertirla en alguien genial!

Este esquema: 1) Renuncia; 2) Creación de un nuevo marco, nos ayudará a realizar el cambio de chip que buscamos. Una o más veces al día podemos rellenar un formulario como éste para ir transformando, sobre el papel, los pensamientos que causan nuestras emociones. ¡No lo olvidemos!: somos nosotros con nuestro diálogo interno los que nos provocamos las emociones.

¡Es matemático!: a medida que vayamos realizando esta gimnasia mental, las adversidades tendrán menos poder y nos afectarán cada vez en menor medida.

UNA MENTE ALUCINANTE

Hace muchos años me ocurrió algo muy divertido y curioso. Me encontraba en la preciosa ciudad medieval de Arezzo, Italia, cursando estudios de especialización en Psicología y me tocó ayudar en la organización de un congreso internacional.

Se reunían unos mil psicólogos en los salones de un gran hotel y yo ejercía de traductor del inglés al español. Me acompañaba Marina, una psicóloga especializada en adicciones, inteligente, bella y dulce como pocas personas he conocido.

Traducíamos de forma consecutiva. Esto es, el ponente decía dos o tres frases y callaba para darnos tiempo para traducir. Cuando acabábamos proseguía.

Al segundo día de trabajo Marina me dio un toque en el hombro y me dijo, tapando el micrófono: «Mira, Rafael, ¡lo estoy haciendo simultáneamente!».

La miré sorprendido y vi que, efectivamente, estaba traduciendo al mismo tiempo que hablaba el ponente, con un retardo mínimo de un segundo. Es decir, se había puesto a hacer traducción simultánea. ¡Sin ningún entrenamiento previo!

Cuando llegó mi turno quise probarlo yo también. Me coloqué un solo auricular en una oreja y, ¡tachán!, lo conseguí. ¡Funcionaba! Descubrí que la mente puede hacer varias tareas complejas a la vez: escuchar, traducir mentalmente y hablar al mismo tiempo.

¡Era como el primer día que fui en bicicleta! De repente te das cuenta de que la bici se mantiene mágicamente bajo los dos finos neumáticos y ¡no te caes!, fruto de un fenómeno llamado «inercia del movimiento».

¡Era como tocar el piano: con una mano haciendo la base y con la otra la melodía! El cerebro se divide en dos y realiza dos funciones completamente diferentes de forma simultánea.

¡Todos podemos hacerlo! La mente puede dividirse en varias computadoras que trabajan en paralelo. Incluso podríamos hacer decenas de tareas diferentes. Bajo hipnosis, se ha comprobado que una persona puede escribir una novela, ver una película y mantener una conversación al mismo tiempo, ¡con toda tranquilidad! La mano va por un lado, los ojos por otro y la boca también, como si cada cual tuviese su propio cerebro. ¡Alucinante pero cierto!

Explico esta historia en este capítulo sobre la práctica de la terapia cognitiva porque la herramienta que acabamos de ver es tan mágica como el efecto de la mente dividida. Es alucinante, inmediata y ¡funciona! ¡Y todos sabemos hacerlo ya!, al igual que Marina y yo comprobamos en nuestra primera experiencia como traductores.

La renuncia y la creación nos pueden elevar —cada vez que

lo deseemos— al reino de la fortaleza emocional: así, de golpe, de forma instantánea y alucinante. ¡En realidad, es fácil!

En otras ocasiones nos costará más, pero se debe más bien a que cerramos la mente. Pero si practicamos con entusiasmo iremos notando que cada vez nos afectan menos las neuras. Tendremos a punto, para cada banana, para cada necesidad inventada, un cambio de marco ideal que nos permitirá renunciar sin dificultad.

LA BOLSA DEL DISFRUTE

Loreto vino a verme bastante desesperada. Llevaba mucho tiempo fatal, con mucha ansiedad, depresión, obsesiones y muchos miedos. En ese momento llevaba de baja laboral tres años. Su psiquiatra le había recetado todo tipo de fármacos, que algo hacían, pero obviamente no lo suficiente para llevar una vida normal.

Así que, en su caso, prácticamente partíamos de la nada. Había que reconstruirlo todo para iniciar un camino hacia la fuerza, la confianza y la paz. Llevaba tanto tiempo mal y tantos eran sus miedos que no había un tema concreto por el que empezar.

El problema en estos casos es que uno se ha ido construyendo, sin darse cuenta, una psique que funciona a base de miedo; en vez de ilusión y goce, el único combustible que llegamos a conocer es el temor. Había que enseñar a Loreto a hacer todas las cosas de la vida de otra forma.

Así que lo primero que hice fue hablarle de la «bolsa del disfrute».

—¿Qué es eso? —me preguntó curiosa.

—Es lo que te va a poner bien. Se trata de aprender a vivir llenando una bolsa virtual de actividades gratificantes. Más que buenas: fantásticas, dulces, geniales.

—Pero ¿cómo voy a hacer eso, Rafael? Si vivo encerrada en casa y todo me da miedo —me dijo mostrando de nuevo un semblante lleno de temor.

—¡No te preocupes! ¡Siempre hay actividades a mano para la bolsa del disfrute! ¡Porque hay infinidad de ellas! Empecemos por una. Se trata de cualquier tarea realizada con amor, delicadeza y significado: ir a comprar el pan, dar un pequeño paseo y que te dé el sol, charlar con alguien...

Estaba enseñando a Loreto una de las patas del que iba a ser su sistema curativo. Aprender a realizar todo con amor y encontrar en eso el principal motor sanador de su mente.

Su misión era, a partir de entonces, disfrutar de cada pequeña actividad para provocar la producción de serotonina y las demás sustancias de la felicidad. Y, sobre todo, aprender, para el resto de su vida, que existe una forma de hacerlo todo en clave de goce: sin nada que temer, sin nada que perder.

Le dije que su bolsa del disfrute iba a provocar, además, un efecto de bola de nieve. Esto es, iba a caer como la nieve por una pendiente. Su bola se haría cada vez más grande hasta provocar una auténtica avalancha.

Así iba a sanar: a base de acumular pequeñas tareas realizadas con disfrute. Su mente comprendería, al final, que la vida es goce y que el miedo es una ficción, un juego loco al que ya no iba a jugar nunca más.

ANDY WARHOL EN TU CIUDAD

Y es que para la psicología cognitiva no tiene lógica realizar nada si no es con cariño y amor: ¡por amor al arte! Y la razón de ello, como ya hemos visto, es aplastante: porque no necesitamos apenas nada, sólo la comida y la bebida del día. Acumular bienes no tiene sentido, únicamente lo tiene disfrutar para dar algo hermoso al mundo y subir hasta el séptimo cielo. ¡Hoy mismo! ¡El día de hoy es cuando se juega la partida de la felicidad!

Es obvio que la mejor forma de realizar cualquier tarea es amándola. Como el pintor neoyorquino Basquiat dando brochazos en su loft de Brooklyn, junto a Andy Warhol y los componentes de Velvet Underground.

Bailar o cantar mientras moldeamos nuestra vida.

Recuerdo, en mi niñez, a mi madre colgando la ropa después de la colada. ¡Éramos cinco hijos y había mucha! Mi madre siempre cantaba mientras hacía las tareas del hogar. La dulce brisa acariciaba su piel mientras iba de un lado al otro, como una danzarina, pinzas en mano. Todavía me sé las letras de su repertorio de zarzuela.

Eso es hacer las cosas con amor. Y la buena noticia que recibió Loreto aquel día es que podemos encadenarlo todo así: absolutamente todos nuestros asuntos.

Loreto me dijo:

—Te pillo. Eso lo puedo intentar. Pero ¿lo tengo que hacer con todas mis actividades?

—Claro. Porque la bolsa del disfrute es como una bola de nieve que va a girar y girar, y hacerse más y más grande. Y al final pasarán dos cosas: estarás feliz y satisfecha con tu vida; y aprenderás que todas, absolutamente todas las tareas y situaciones pueden ser enfocadas así, con intenso goce.

El efecto bola de nieve del goce era lo que Loreto necesitaba en ese momento para revertir la bola de nieve del miedo instalada en su psique. Y lo íbamos a conseguir a base de acumular, sin prisa pero sin pausa, eventos de disfrute y amor.

Todo por amor, nada por obligación

Otra de las máximas de la psicología cognitiva es que no hay que hacer nada por obligación. ¡Nada! Sólo por amor y goce.

Vivimos en un mundo de abundancia y, sin embargo, estamos atados a mil obligaciones: ¿qué sentido tiene eso?

Mi recomendación para Loreto fue que no tenía que hacer nada que le supusiese ansiedad. ¡Las situaciones difíciles debía evitarlas! Porque no tienen mucho sentido en la vida. Quizá podría intentarlas al día siguiente, y sólo si estaba ilusionada para emprenderlas. Sólo si, para entonces, ya no le generaban apenas nervios.

A las personas nos suele dar miedo enfrentarnos a la ansiedad, pero también evitar enfrentarnos a ella porque pensamos que, si la evitamos, nos convertiremos en miedicas y el temor nos invadirá del todo.

Pero no es cierto, porque más adelante, bien protegidos, volveremos a probarlo. Con ilusión y amor hasta que se produzca el clic que nos hará vivir todas las situaciones con goce. Pero justamente, para vivirlas con goce, tenemos que emprenderlas con ganas, sin presión.

En ese sentido, Loreto tenía que probar: ir y venir. Avan-

zar y retroceder. Siempre disfrutando. Ése es el baile fantástico del explorador. Y, sobre todo, hacer crecer su maravillosa
y sanadora bolsa del goce.

Nuestro objetivo era que Loreto viviese todas las tareas
de la vida como generadoras de disfrute y no de agobio. ¡Hasta poder llegar a ser incluso presidenta de Estados Unidos
gozando de la vida, con cero estrés!

LAS RELACIONES SOCIALES, COMO PRÁCTICA

En esa sesión, para ilustrar cómo tenía que vivir todas las situaciones, trabajamos sobre las relaciones sociales porque
son una de las primeras tareas que podemos aprender a realizar con amor. Y así, a la larga, llegar a experimentar que todas
las situaciones pueden convertirse en impulsadoras en vez de
desgastadoras.

Muchísimas personas viven las relaciones sociales con
nervios. Y, sin embargo, para muchas otras son una fuente
maravillosa de bienestar. Esta última manera de relacionarse
es la más elevada. (En el capítulo dedicado al carisma lo tra-
taré en detalle.)

Recuerdo una visita que hice cuando tenía veintiún años
a mis tíos paternos, que vivían también en Barcelona. Yo acababa de llegar de Reino Unido, donde había finalizado mi
carrera de Psicología, con un expediente académico excelente. Y allí, sentado en el salón de su casa, tuvimos una charla
muy hermosa. Yo me sentía como una persona recién salida
de fábrica, nueva, radiante, y me encantó explicarles en qué
consistía mi especialidad.

Cuando acabamos de cenar y salí de allí me esperaba una noche fresca de verano y el hermoso mundo ante mí. Y es que una conversación bonita, una interacción elegante, realizada con amor, es algo que da fuerzas, llena de energía y sosiego, nos potencia.

Loreto podía empezar a llenar su bolsa del disfrute con las interacciones que tenía más cerca: el tendero de la esquina, su madre... Tenía que saborear el placer de la vida, una y otra vez, hasta convencerse de que la vida es SIEMPRE una maravilla.

De hecho, la definición de «neura» podría ser: la absurda idea de que una situación cualquiera de la vida NO se puede disfrutar. Descubrir lo contrario es el camino hacia la salud. La gente más fuerte y feliz es capaz de gozar con todo, incluso encargándose de una enfermedad grave.

En este capítulo hemos aprendido que:

- Las emociones negativas no tienen solidez; pueden erradicarse en minutos.
- El ejercicio diario de renuncia y creación nos va a hacer más fuertes.
- La estrategia más directa para hacerse fuerte y feliz es buscar el disfrute en todo.
- Podemos gozar de todas las tareas de la vida.
- Si estamos muy neuróticos, empecemos por acumular actos de disfrute pequeños, en el día a día.

4

Emular a los superhéroes de verdad

Por ahí, en el ancho mundo, existen personas excepcionales. Tienen tanta energía positiva que la transmiten sin quererlo a los demás. La contagian. Viven en otra longitud de onda y su vibración remueve las ondas cerebrales circundantes, otorgándonos pasión por la vida.

En el presente capítulo vamos a estudiar tres modelos de fortaleza emocional. Tres personas excepcionalmente fuertes y felices que nos servirán de referente: Michael J. Fox, Jessica Long y Daniel Álvarez.

En cualquier momento de nuestra vida, cuando azote la adversidad podemos preguntarnos: «¿Qué me dirían ellos de mi problema?», «¿Cómo lo afrontarían?».

Sólo una respuesta es la válida: «¡Ellos tienen razón y yo no!».

Hemos incluido una foto de cada uno de ellos en estas páginas para que su imagen nos sirva de inspiración. No lo olvidemos: queremos y podemos ser como ellos. Está absolutamente en nuestras manos.

MICHAEL J. FOX

¿Quién no se acuerda de la mítica película de los años ochenta *Regreso al futuro*? En ella, Michael J. Fox encarnaba a Marty McFly, un adolescente que viajaba al pasado en un coche atómico llamado *Delorian*.

Michael J. Fox tenía entonces veinticuatro años pero parecía un chaval de dieciséis y estaba en la cima de su carrera. La película fue un éxito enorme, recaudó millones de dólares y dio lugar a dos secuelas más. Fue tan grande el éxito que incluso se comercializó un juego de Nintendo y un parque temático con elementos del film.

Pero tan sólo seis años después, cuando el actor tenía treinta, se le diagnosticó la enfermedad de Parkinson. Su primer síntoma fue un temblor permanente en un dedo. Y, en muy poco tiempo, su cuerpo no podía parar de balancearse, entre otros muchos síntomas desagradables.

En su libro *A Lucky Man* («Un hombre afortunado»)

Michael confiesa que, al principio, no podía aceptar su enfermedad. Estaba deprimido, enfadado y confuso. Se decía: «¡No! ¡Dios, ahora que estoy en lo más alto del mundo, no!». Fue una dura época de adicción al alcohol y a las drogas.

Durante un largo año se negó a aceptar el diagnóstico. Lo escondía a todo el mundo —incluso a su familia— e iba de médico en médico para intentar recibir otro resultado. Como muchas personas, incluso acudió a pseudoterapias alternativas que le daban falsas esperanzas, sólo para volver a caer en la dura realidad.

Hasta que comprendió que había otra forma de llevar su dolencia: aceptarla plenamente y emplearla para hacer algo hermoso.

Y, a partir de entonces, empezó su nueva vida. Dejó las drogas, salió del armario de la enfermedad e inauguró una fundación para la investigación del Parkinson.

Michael J. Fox, el actor/adolescente prodigio, se convirtió en otra clase de prodigio: un hombre con la misión de darse a los demás. Y descubrió que su nueva encarnación le hacía más feliz de lo que había sido nunca.

Su fundación pasó a ser su principal ocupación. Trabajando incesantemente en ella, la convirtió en la asociación de enfermos que más dinero ha aportado a la investigación de cualquier dolencia, con una grandísima diferencia. Ha recaudado hasta la fecha nada menos que 650 millones de dólares.

Al margen de eso, Michael J. Fox ha escrito tres libros superventas y ha continuado su carrera como actor, aunque, como él mismo dice: «Sólo puedo hacer papeles de personajes con Parkinson». Pero, increíblemente, los ha encontrado y los ha hecho a su medida, como la serie *Michael J. Fox Show*, en la que se encarna a sí mismo.

Pero lo esencial de este grandísimo actor de sólo 1,63 metros de altura es que ahora no ve su enfermedad como un impedimento para ser feliz. En una entrevista reciente para la televisión decía: «Tengo mucha suerte. Antes también la tenía, pero no me daba cuenta de ello. Tengo una mujer estupenda; unos hijos maravillosos. ¡Mi vida sólo puede calificarse de genial!».

El nuevo Michael J. Fox ha adquirido la virtud del humor. Antes era un tipo más bien serio, y ahora su felicidad le ha descubierto la importancia de reír y hacer reír a los demás.

De hecho, no deja de reírse del Parkinson, como por ejemplo cuando habla de sus ventajas: «A la hora de cepillarme los dientes es perfecto. Tardo mucho en colocar la pasta dentífrica, pero una vez que lo consigo y me introduzco el cepillo en la boca ¡los movimientos del Parkinson lo hacen todo!».

Desde que me dedico a la psicología cognitiva no paro de ver transformaciones tan radicales como la de Fox. Cuando las personas descubren la plenitud en la vida se produce un cambio incluso de carácter. ¡Es algo sorprendente!

Nosotros también seremos capaces de lograrlo. Sólo tenemos que reproducir ese mismo cambio de mentalidad; de forma drástica, primordial. Y sin tener una grave enfermedad, claro está: con la sola fuerza de nuestra mente, dirigida todos los días en la dirección correcta.

Analizando la filosofía personal de Michael J. Fox he descubierto que él también se apoya en una especie de trabajo mental como el que hacemos en psicología cognitiva. Se habla todos los días con un diálogo de persona fuerte y feliz. En uno de sus libros explica lo siguiente:

> Mis hijos me vienen a menudo con quejas: «Me pasa esto o lo otro», y yo les explico que, en realidad, no sucede nada de importancia. El otro día, por ejemplo, vi en las noticias que una mujer en Mozambique se vio arrastrada por la corriente de un río. Todo su poblado estaba inundado. La mujer, embarazada, se encaramó a un árbol y ¡dio a luz allí! Inmediatamente les enseñé la noticia a mis hijos y les dije: «¿Veis de qué tipo de tonterías nos quejamos a veces? ¡Esa mujer parió en un árbol y ahí la tenéis, sonriendo y feliz!». En cada momento de tu vida, si te fijas en tus oportunidades en vez de centrarte en las quejas te darás cuenta de que eres muy afortunado.

La nueva filosofía de Michael J. Fox no ha salido de la nada. Se la labra él en su día a día, como podemos hacer nosotros.

En otra entrevista dice:

> Por cada cosa que me ha arrebatado el Parkinson, se me ha dado algo de mayor valor. ¡Literalmente! Si no te quejas y estás abierto a crear cosas hermosas, llegan oportunidades increíbles.

El Parkinson del actor es muy severo y tuvo incluso que someterse a una intervención quirúrgica en el cerebro para reducir los temblores. Una vez más, superada esa experiencia puso en marcha su nuevo sistema de creencias.

Sus declaraciones después de la operación fueron:

Puede parecer un poco loco lo que voy a decir, pero todo esto me está fortaleciendo. Me hace un millón de veces más sabio y compasivo. Me doy cuenta cada día de que soy vulnerable y me gusta, porque esa vulnerabilidad me abre a las personas. Esa relación de apertura es más valiosa que cualquier cuenta bancaria.

La operación a la que se sometió era muy peligrosa. Había un riesgo claro de muerte, pero él confesó que no le preocupaba. Y podemos creérnoslo. Yo he conocido a muchas personas con su misma mentalidad.

Aunque no lo parezca, el tema de la muerte es fácil: ¡todos morimos! Una vez que lo aceptas profundamente, ya no te preocupa.

Michael J. Fox es un buen ejemplo de cómo ponerse cómodo ante la adversidad y hacer algo positivo de ello. En cualquier momento de bajón emocional podríamos preguntarnos qué nos diría él acerca de nuestro problema. Seguro que sería algo con sentido del humor.

(En este vídeo de YouTube: se puede ver a Michael J. Fox acompañando a la guitarra al grupo Coldplay mientras tocan «Johnny B. Goode», recordando una famosa escena de *Regreso al futuro*.)

JESSICA, LA NADADORA MÁS SEXY

Jessica Long es una guapísima rubia de veinticuatro años llena de energía, divertida y toda una superatleta. Le han hecho

entrevistas en *Women's Health Magazine, Vogue* y otras revistas internacionales como ganadora de veintitrés medallas olímpicas en diferentes modalidades de natación.

Ha entrenado con su compatriota Michael Phelps, el mejor nadador de la historia, y compagina la piscina con una incipiente carrera como emprendedora: ha montado su propia empresa de asesoría para deportistas y directivos.

Pero la particularidad de Jessica es que, desde que tenía dos años, le falta la parte inferior de las dos piernas. Nació con una enfermedad llamada «hemimelia fibular» que obligó a los médicos a amputárselas. Pero eso nunca ha sido un problema muy serio para ella. Como veremos a continuación, prácticamente ha sido una bendición y su gran ventaja.

Jessica enseguida aprendió a caminar con prótesis y empezó a practicar diferentes deportes, sobre todo gimnasia rítmica. Pero los médicos le aconsejaron algo de menor impacto para las rodillas y ahí fue cuando descubrió que era una sirena. En el agua se sentía más a su aire que nunca, libre de la atadura de las prótesis de fibra de vidrio.

Jessica descubrió que la natación se le daba muy bien y decidió competir al más alto nivel e intentar ser la mejor nadadora paralímpica del mundo. Quizá no lo lograse, pero era un bonito reto y un buen ejemplo de superación para mucha gente.

Los éxitos no tardaron en llegar y Jessica se convirtió en un referente del deporte en Estados Unidos. Más que por sus marcas, por su carácter alegre y lleno de vida. Se puede ver un vídeo suyo en YouTube. Es un tráiler de un documental que grabó la NBC sobre su vida titulado *Long Way Home: The Jessica Long Story*.

El documental narra un viaje a Siberia porque Jessica nació allí, aunque cuando tenía trece meses una pareja estadounidense, los Long, la adoptó. Más tarde adoptarían a otro niño con discapacidad procedente del mismo orfanato. Jessica tiene, además, otros dos hermanos que son hijos biológicos de sus padres norteamericanos.

El caso de Jessica es una muestra perfecta de que cualquier adversidad se puede transformar en una gran oportunidad. Y darse cuenta de ello es una clave fantástica a la hora de hacerse más fuerte a nivel emocional.

Si queremos convertirnos en campeones en la gestión emocional, el primer paso —como en el caso de Jessica— es aprender a aceptar la adversidad con alegría sabiendo que TODA situación ofrece una oportunidad para hacer algo fantástico.

Ella sabía que precisamente su falta de piernas podría convertirla en una nadadora especial: llegar a ser un icono de la belleza frente a la adversidad. Tenía delante una opción valiosísima. Su discapacidad no iba a ser un problema, sino su gran aliada para el éxito y la felicidad.

Nosotros podemos hacer lo mismo: pensar que cualquier problema, de no arreglarse, se convertirá en fuel de una nueva vida futura mucho mejor. El lema de Jessica, que podemos hacer nuestro, es:

Mi falta de piernas es mi oportunidad, lo que me hace especial, lo que le da a mi vida un sentido brutal.

A partir de ahora en nuestra vida podemos repetirnos frente a cualquier posibilidad de adversidad:

Mi problema va a ser mi oportunidad, lo que me hará especial, lo que le dará a mi vida un sentido brutal.

El año pasado Jessica Long habló en Naciones Unidas con motivo del día Internacional de las Personas con Discapacidad, que tiene lugar cada 3 de diciembre:

Es muy guay que haya un día dedicado al reconocimiento de las personas con discapacidad. Para mí, la «discapacidad» es la otra cara de la palabra «confianza». Cuando te das cuenta de que ninguna discapacidad tiene por qué impedirte tener una gran vida, entonces crece un fuerte sentimiento de «confianza».

Hay días en que no me siento tan segura acerca de mis piernas, pero entonces, más que nunca, intento focalizarme en mis posibilidades y ahí es donde crece la confianza.

Yo nunca me he visto como una persona con discapacidad. Para nada. Simplemente llevo unos zapatos más grandes de lo habitual.

Cuando era pequeña aprendí que puedo hacer grandes cosas y tener una gran vida, de forma idéntica a cualquier otra persona.

Mis doce años de carrera deportiva me han abierto muchas puertas, no sólo en lo que se refiere a las medallas, el éxito y los patrocinadores. La principal puerta ha sido la de la confianza personal: convertirme en quien soy y en quien quiero ser. Puedo presumir de piernas e incluso ayudar a otros a que lo hagan también.

(Si queréis, podéis ver el Twitter y el Facebook de Jessica.)

¿Queremos ser como Jessica? ¡Pues todos los días podemos reafirmar nuestro compromiso con su filosofía! De eso se trata: de pertenecer a su club mental. El de las personas que no quieren tener vidas normales sino aprovechar su existencia al máximo: hacerla hermosa, intensa, llena de dulce sentido siempre.

DANIEL, EL DIRECTIVO MÁS ATRAYENTE

Por las calles de Madrid va el directivo más atractivo del mundo. Se trata de un hombre de unos cincuenta y tantos años que dirige a un equipo de trece personas en el seno de una empresa muy grande. Viaja por todo el mundo y colabora con otras organizaciones a nivel global. Tiene, junto con su esposa Helen, una hija preciosa de diez años y forman una familia primorosa.

Este hombre se llama Daniel Álvarez y tiene la particularidad de ser sordociego; esto es, ni ve ni oye, lo cual le sitúa en una posición muy especial ya que si nadie le toca está totalmente aislado. Daniel no puede captar si está solo o acompañado en una habitación. No sabe si hay alguien en un bar atestado de personas. Se trata de una situación difícil de imaginar para los que tenemos muchas ventanas abiertas al mundo.

Pero, como veremos a continuación, Daniel es otro de mis héroes. Nada que ver con los modelos que ensalza nuestra sociedad —deportistas o actores—, sino un auténtico maestro con la enseñanza más importante de la vida: que podemos estar exultantes de alegría siempre.

A los cinco años, Daniel se quedó completamente sordo a causa de una medicación equivocada y, a los treinta, un glaucoma le quitó la vista.

Yo le conocí a través de un artículo del escritor Juan José Millás para el periódico *El País*. También se hizo un pequeño documental titulado *La sordoceguera*.

Para hacernos una idea de lo que es ser sordociego podemos atender a la siguiente experiencia de Daniel:

Al principio lo peor para mí era el despertar por la mañana. Porque cuando despierto yo sigo en la oscuridad total. Y tampoco hay ningún sonido. En realidad, no hay diferencia con el sueño. Y a veces me cuesta cerciorarme de si estoy despierto o todavía dormido.

Daniel es totalmente independiente y se desplaza solo por Madrid. Para ello lleva unos tarjetones que usa para que le ayuden a cruzar las calles y a subir a los autobuses. En ellos, por ejemplo, pone: «Soy ciego y sordo, y estoy esperando el 174. Ayúdeme a subir, por favor». Y así espera a que alguien le tome del brazo y le acompañe adentro del vehículo.

Todos los que le conocen le definen como muy alegre y entusiasta, además de un gran trabajador. Pero el humor es, quizá, el más importante de sus sellos. En una entrevista que le hacían en la radio explicaba la siguiente historia:

Una vez estaba delante de un paso de cebra, en Madrid, ya llegando al trabajo. Sabía que era una calle muy estrecha, pero no me atrevía a cruzar. Unas jovencitas me empezaron a gritar desde el otro lado: «¡Ya puede pasar, que no hay coches!». Pero yo no oía nada, claro. Así que seguía allí. Al final, se enfadaron y se fueron diciendo: «¡Bueno, tío, ya te hemos *avisao*!».

Me lo contó un compañero de trabajo que se partía de risa. La gente se da cuenta de la ceguera por el bastón y las gafas, pero nunca de la sordera. Y es que yo sólo contacto con alguien si me tocan.

Como no oye ni ve, Daniel se comunica con el mundo mediante un código que las personas cercanas pueden teclear en su mano. Es la única forma de charlar con él.

Pero ahí está Daniel Álvarez, presidente de ASOCIDE, la Asociación de Personas Sordociegas de España, y director de la Unidad Técnica de Sordoceguera de la ONCE. Hace unos años fue galardonado con la medalla Anna Sullivan por su contribución a la integración de las personas sordociegas.

Daniel es un hombre realizado y feliz, ¡enamorado de su familia, de su hermoso trabajo y de la vida! Un ejemplo perfecto de que la adversidad no tiene por qué afectarnos, si tenemos la actitud mental correcta.

En cualquier momento de nuestras vidas Daniel nos está diciendo: «¡Ahora mismo tienes por delante un día maravilloso! Ni de coña te digas lo contrario. Cualquier cosa que te pueda estar afectando es una tontería!».

Daniel no sólo tiene fuerza y alegría para él mismo, sino que la transmite todos los días a los demás.

La cara de su mujer, Hellen, se ilumina cuando habla de él: «Daniel es la persona más positiva que conozco. Es la luz de nuestra vida, de la mía y de la de nuestra hija, Natalia. Yo creo que es un regalo que nos ha caído del cielo».

La gente de la ONCE también se siente afortunada de tenerle a su lado. Él es un apasionado de su trabajo: «En general, prefiero dedicar mi tiempo a mis compañeros sordociegos que a mí mismo. Porque, en fin, la mía es una tarea maravillosa. Desde nuestra oficina estamos siempre maquinando cosas chulas para desarrollarnos más y mejor. Se trata de un trabajo común, lleno de sentido, y no hay nada más hermoso que eso».

Tanto Daniel como su familia ven las particularidades de la sordoceguera como posibles ventajas. ¡Se diría que son expertos en sacarle el lado positivo a cualquier adversidad! En la entrevista de *El País*, su mujer decía: «Somos una familia muy especial, que vivimos a otro ritmo porque la sordoceguera te obliga a vivir más lento. Pero eso, a su vez, te da la oportunidad de disfrutar más de la vida, de saborear las cosas. Es un premio».

La pequeña Natalia, de diez años, es una niña encantadora y vivaracha que está enamorada de su padre. Y la sordoceguera le está enseñando también muchas cosas. Por ejemplo, a ser muy ordenada. «¡Soy la más ordenada de mi clase! Porque para que papá encuentre todo hay que dejar las cosas siempre en su sitio; cerrar armarios y puertas, y no dejar trastos por el suelo.»

Daniel, por su parte, encuentra que la sordoceguera es también una ventaja en las peleas conyugales: «No sabes lo que me ahorro al no oír ni ver. Por mucho que meta la pata, a mí no se me puede reñir mucho».

Y cuando se pone serio Daniel nos explica su vida interior, que es una lección de budismo zen hecha realidad: «Para mí la vida es sagrada. Sentir la brisa en el cuerpo o los rayos de sol en la cara es un milagro maravilloso. Los olores también son una gozada: el olor a pan fresco al pasar frente a una panadería o el de café recién hecho... La vida nos ofrece cien mil oportunidades de disfrutarla».

Los inconvenientes son sólo retos interesantes, nunca problemas: «La vida del sordociego está llena de retos —explica riendo—, como cuando, de soltero, en Madrid, aprendí a cocinar. Ahora soy un "cocinillas" y a mi hija le encantan mis platos. ¡Pero, claro, al principio quemé muchos filetes!».

Para Daniel, esas discapacidades son oportunidades; los retos son los mejores pasatiempos que puede tener una persona. Y eso es lo que les enseña a sus compañeros sordociegos de la ONCE, su segunda familia:

En mi vida ha habido muchos momentos de cambio: cuando me quedé sordo, luego cuando me quedé ciego, cuando entré a trabajar en la ONCE, cuando conocí a mi mujer, pero si estás abierto a todo lo que te trae la vida con curiosidad y entusiasmo, te das cuenta de que todo es bueno, siempre. Depende de ti verlo así.

En este capítulo hemos aprendido que:

- Hay muchas personas que no necesitan lo que la sociedad cree imprescindible: ¡ni salud completa ni una imagen determinada!
- Podemos ser felices prácticamente siempre.
- Pensar de forma racional nos hará atrayentes e importantes.
- Siempre hay tareas maravillosas para realizar, ¡siempre!
- Todo está en la manera de pensar, como demuestran nuestros héroes.

Ejercicios de la Primera parte

Una mente del futuro, ya

INDICACIÓN

La visualización es un ejercicio basado en la lógica cognitiva. Imaginamos escenarios ¡que son posibles! Entre otras cosas, porque muchas personas los viven así. ¡Son factibles y son nuestro objetivo!

El talante, a la hora de llevar a cabo la visualización, es esforzarse por imaginar lo propuesto en la medida de lo posible, buscar imágenes en nuestra memoria o en nuestra imaginación, indicarnos el camino a seguir. ¡Con ahínco y perseverancia!

Durante los próximos veinte minutos visualízate dotado de las cinco cualidades de una persona fuerte y feliz. ¡Es éste el tipo de persona en que nos queremos convertir! Esta meditación te pondrá en el camino del cambio personal.

Empecemos:

¿Te imaginas siempre así?:

Alegre como un niño o chispeante como las monjas de Burgos.

Visualízate caminando por la calle lleno de esta alegría que te hace sonreír, siempre presto al humor. Todos los días de tu vida. ¡Continuamente!

Visualiza un momento de tu vida en que te sintieses así. Quizá en un viaje. Quizá con amigos en un verano cualquiera.

Pronto todo el mundo te considerará una de las personas más alegres del mundo. ¡Y lo serás!

Con la droga interior del éxtasis como los artistas. Ahora visualiza que te encuentras constantemente en un bello estado mental alterado; lleno de apreciación por lo que te rodea. Captas la hermosura de tu entorno. Paseas por la ciudad y te sientes en comunión con todo.

¡Es posible sentirse así! A mucha gente le sucede. La gente fuerte y feliz en la que nos vamos a convertir.

Feliz en cualquier situación como los viajeros. ¡Qué libertad y qué goce saber que vamos a estar al 150 % bien en cualquier situación!

Muchas personas son así: las pongas donde las pongas, van a estar dulcemente felices y productivas.

Visualízate feliz con quince hijos, educándoles de manera ideal y disfrutando del proceso. Visualízate soltero y sin niños pero igualmente contento, realizando dulcemente un montón de actividades que te llevan a la plenitud: ayudar a los demás, tener un gran trabajo, gozar de la naturaleza...

Visualízate como una persona que es capaz de ser feliz en

la cárcel, haciendo cosas positivas por sí mismo y por los demás. En una silla de ruedas. Y hasta tetrapléjico como Stephen Hawking, el científico británico que no puede mover ni un músculo.

Rebosantes de serotonina (sin causa) como los niños en un parque de atracciones. Ahora imagínate a ti mismo superbien, sin ninguna causa concreta. Has estado así en innumerables ocasiones en tu vida. Simplemente, te has dicho: «¡Qué bien se está aquí!». Con nuestro aprendizaje te vas a encontrar así la mayor parte de tu vida. ¡Visualízalo!

Viviendo en la abundancia como los jóvenes llenos de vida. Y, por último, sabes que la vida te ofrece todos sus atractivos y frutos ¡a ti! Porque cuando vivimos despreocupadamente, felices y plenos, lo bueno acude a nosotros porque estamos receptivos a captarlo. ¡Hazte una imagen mental de ti mismo recibiendo toda esa abundancia!: conoces personas maravillosas que se convierten en estrechos amigos, tienes trabajos hermosísimos, disfrutas de la música y de mil bienes más que ni sabías que existían.

Las dos claves de la fuerza emocional

Durante los próximos veinte minutos visualízate en las siguientes situaciones (falsamente) difíciles. Date cuenta de que, si te tocase estar así, podrías cambiar de marco para ser más feliz que nunca.

1) Visualiza que entras en la cárcel para cumplir condena. Pero, lejos de estar mal, cambias de marco y decides concentrarte en ser feliz en tu nueva situación. ¡Y así es! Empiezas a encontrarte en el mejor momento de tu vida: a) Estás estudiando eso que siempre quisiste aprender; b) Ayudas a los demás: internos y funcionarios; c) Cuidas tu cuerpo y tu mente; d) Incluso ahondas en la espiritualidad.

¡Claro que puedes hacerlo! Y si en esa situación podemos ser felices, ¡cómo no lo vamos a ser frente a cualquier otra adversidad!

2) Imagina que tienes un accidente y te quedas en una silla de ruedas. De nuevo, no tardas en cambiar de marco y te ves lleno de energía: a) ¡Tienes tanta fuerza que incluso ayudas a otros!; b) Tienes un gran trabajo pleno de sentido; c) Tienes grandes amigos, ya que atraes a los demás con tu energía positiva y tu autenticidad.

¡Te encanta tu vida y el universo en general!

3) Visualiza ahora que te quedas tetrapléjico como Stephen Hawking pero, siguiendo su ejemplo, te dices: «¡Ahora va a empezar mi vida de verdad! Ahora es cuando voy a ofrecer lo mejor de mí!».

Y decides que vas a llenar tu vida de las tareas más significativas posibles y, ¡bum!, ¡lo consigues! Como Stephen Hawking, estás siempre emocionado con las grandes tareas que estás haciendo por ti y por los demás.

Simplemente, has cambiado de marco y te has dado cuenta de que, desde esta situación, ¡hay tanto para dar!

SEGUNDA PARTE

Todo lo que debes hacer

5

Trabajar y disfrutar

En lo alto de la colina había un bonito bosque de robles. Todas las semanas los carpinteros pasaban por allí y escogían algunos para cortarlos y hacer fuertes vigas. Pero nunca se pararon ante uno que, aunque grande, se levantaba curvándose por todas partes. ¡Ni su tronco ni ninguna de sus ramas estaban rectos! Los carpinteros pensaban:

—Ese árbol no dará ni una sola tabla decente.

También acudían allí los buscadores de leña e igualmente despotricaban del roble:

—Esas ramas retorcidas arrojarán un humo pestilente.

Y algo parecido opinaban los escultores:

—¡Tiene demasiados nudos! No sirve para ser tallado.

Y tras varios siglos y muchísimas visitas de carpinteros, leñadores y escultores desapareció el bosque entero, a excepción de aquel gran árbol retorcido.

Durante el día, los niños jugaban a su sombra. Y durante la noche, los hombres charlaban sentados a su vera.

Un buen día un anciano apesadumbrado preguntó:

—¿De qué sirve ser inútil?

Y un amigo, señalando hacia arriba, respondió:

—Mira sobre tu cabeza. Hace mucho se levantaba aquí todo

*un bosque. Ahora sólo queda este ejemplar. Si no hubiese sido
inútil en su día, ahora no tendríamos este maravilloso verdor al
que acogernos.*

Este cuento ejemplifica un concepto esencial a la hora de
combatir la ansiedad de rendimiento. Se trata de aprender a
ser como el árbol de esta historia: imperfecto pero natural;
fallón pero amoroso. Un ser vivo único y fantástico.

Hace muchos años que doy conferencias por el ancho mundo
y me encanta. Es una ocasión para contactar con mis lectores y hacer buenos amigos. Y, a diferencia del pasado, mi nivel de ansiedad hablando en público es «cero». No experimento ninguna tensión en absoluto. Al contrario, si he tenido
un día muy movido, me suelo relajar hablándole a la gente.
¿Cómo lo consigo?

La clave está en el sistema de valores: en un sano, fuerte y
decidido sistema de valores esculpido durante los últimos
años.

El secreto de mi libertad frente a la ansiedad de rendimiento es que, aunque parezca extraño, a mí me importa muy poco
«la conferencia» en sí. De alguna manera, tengo muy claro que
lo principal NO es «dar información» o «hacerlo bien», sino
contactar con las personas, amarlas, hacer algo hermoso. ¡Y
punto! ¿Qué habría más valioso que eso?

Desde hace tiempo, mi concentración está ahí y, por eso,
no me preocupa la idea de «si voy a gustar o no». Mi objetivo
es conectar intensamente con los demás y la conferencia no es
más que un vehículo para lograrlo.

Y como amar a los demás es lo más fácil del mundo, ya no experimento nervios. Conectar con los demás está chupado. Y, en realidad, hacerlo bien o mal ya no es asunto mío.

SE LEVANTA EL TELÓN Y APARECE «LA AMISTAD»

Hace unos meses me invitaron a dar una charla en una ciudad mediana española. Celebrábamos el aniversario del Teléfono de la Esperanza y yo iba a hablar, como siempre, de salud mental. Media hora antes del evento me encontré con el organizador, el presidente local de esa organización.

Fuimos a una cafetería cercana al teatro donde iba a hablar. Charlábamos sobre psicología cuando Pedro me dijo:

—Rafael, perdona que te interrumpa, pero es que queda un cuarto de hora para el inicio. Más vale que vayamos hacia el teatro.

—Tranquilo, hombre —repliqué—, con que lleguemos cinco minutos antes ya es suficiente.

El teatro quedaba al ladito, así que no veía motivo para anticiparnos.

A Pedro se le puso un semblante que expresaba sorpresa y temor, como si pensara: «¿Qué dice este hombre? ¿Cómo puede ser tan pasota?». Y dijo:

—No, no. Vayamos ya mismo, por favor, ¡que no quiero llegar tarde!

Así que pagamos y salimos. Una vez en la sala me colocaron entre bambalinas, mientras el mismo Pedro me presentaba. Llegado el momento, dijo:

—¡Y les dejo ahora con Rafael Santandreu!

Y salí de mi escondite para ponerme al frente del escenario.

Yo suelo dar mis charlas de pie, con un micrófono de mano, porque me gusta ver las caras del público. Pero aquel día ¡no veía nada! Los focos apuntaban hacia mí y las luces de la sala estaban apagadas, de manera que, para mí, el patio de butacas era una mancha negra.

Enseguida dije a través del micro:

—¡Un momento, por favor! ¿Podría alguien encender las luces de la sala? No veo a nadie y así no puedo hablar.

Y se hizo la luz. El técnico tocó algún interruptor y pude ver las caras de la gente. Di las gracias y dije:

—¡Ahora sí! ¡Es que yo tengo que veros para poder hablar! ¡Qué guapos se os ve desde aquí arriba!

Y la sala estalló en una primera carcajada.

Y es que, como decía antes, para mí lo esencial de una conferencia —o cualquier otra tarea— es el contacto amoroso con los demás. Por eso tengo que ver a los asistentes, mirarlos a los ojos, sonreírles y dejar que me sonrían.

La única escala de valores racional

En nuestra sociedad vivimos con un sistema de valores equivocado. Antes, sin darme cuenta, yo también lo defendía. Ponía el «éxito», el «dinero», la «seguridad», la «autoimagen», la «eficacia» por encima de la «felicidad» y el «amor».

Gran error, porque entonces equivocamos el orden de los componentes de la ecuación de la vida, provocándonos tensiones ridículas, infelicidad y confusión.

Es como si en vez de «comer para vivir», «viviésemos para

comer». Imaginémoslo: pendientes de la comida todo el santo día. En ese caso ¡no haríamos prácticamente nada más! Sería muy extraño porque: engordaríamos hasta tener serios problemas de salud; llevaríamos una vida muy aburrida; y acabaríamos por odiar el natural placer de comer. ¡Sería un desastre!

Pues eso es lo que hacemos con el trabajo, una y otra vez. En lugar de entenderlo como un instrumento para la felicidad, lo vemos como un fin en sí. Creemos que lo que cuenta son los resultados y no la felicidad directa que pueda generar.

Pero ahora yo sé que no necesito ningún empleo para ser feliz. Podría vivir en el albergue público de mi ciudad y estar genial. Por eso mi trabajo tiene un solo objetivo primordial: disfrutar, hacer de mi vida algo más hermoso.

Cuando doy conferencias mi principal meta es «amar a los asistentes» y, muy por debajo —a muchos escalones de distancia—, está ofrecer información, que me vuelvan a invitar, ganarme la vida con ello, etc.

El esquema de mi escala de valores para esa tarea sería:

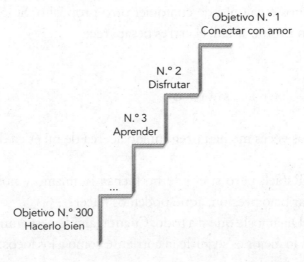

Objetivo N.º 1
Conectar con amor

N.º 2
Disfrutar

N.º 3
Aprender

...

Objetivo N.º 300
Hacerlo bien

Cuando me subo a una tarima para dar una conferencia me fijo en las personas que hay allí. Hay señoras como mi madre: hermosas, amorosas, todo corazón. Chicos jóvenes ávidos de iluminar su vida; son como mi hermano pequeño: generosos, idealistas, fantásticos. A todos les daría un abrazo. Con todos me iría de copas o de excursión.

Y cuando tengo la oportunidad de conocerlos, allí en la conferencia, les hablo al corazón, intento conectar, entablar una amistad. ¿Qué otra cosa mejor que ésa?

Las personas que me contratan para dar conferencias o cursos no conocen mis intenciones y no es necesario que lo hagan. Se asustarían tontamente. No se imaginan que a mí me da igual el resultado de todo aquello. A fin de cuentas, todo suele salir muy bien (aunque no siempre).

Por lo tanto, para eliminar la ansiedad de rendimiento tenemos que modificar nuestro sistema de valores para hacerlo más racional, más hermoso y, paradójicamente, más efectivo. Tenemos que poner la conexión amorosa en primer lugar, a muchos escalones de cualquier otro propósito. Si lo hacemos en profundidad, el estrés desaparece.

CUANDO EL JEFE ESTÁ LOCO

Muchas veces me han preguntado acerca de mi ética del trabajo:

—Rafael, pero si el jefe no piensa lo mismo y nos hace trabajar bajo presión, ¿qué podemos hacer?

—Digámosle que sí a todo. Cuando alguien está muy neurótico, lo mejor es seguirle la corriente como a los locos. Pero, en nuestro interior, sigamos pensando racionalmente. Te aseguro que todo irá bien.

Más adelante veremos las cinco herramientas para tratar con personas neuróticas. Pero podemos avanzar que las personas difíciles son, en realidad, oportunidades para adquirir aún más fortaleza.

Cuando alguien nos presiona, siempre está «terribilizando» sobre algún aspecto de la vida. Está exagerando fruto de una visión equivocada de la existencia. Nosotros simplemente tendremos que mantenernos dentro de nuestro sistema de valores y tratar al otro con compasión y amor.

Con el paso del tiempo el jefe comprobará que trabajamos dulcemente y con mucha efectividad. Además, aportamos racionalidad y buen ambiente a la organización.

Una de las paradojas del rendimiento es que cuanto menos nos preocupamos, mejor rendimos. Sin miedo, activamos el placer, el amor, el disfrute... y entonces todo fluye. Y muchas veces sucede algo maravilloso que es que el trabajo no sólo no cansa, sino que ¡energiza!

Ahí está el secreto de las personas que despliegan un mayor rendimiento. No temen en absoluto hacerlo mal, sólo disfrutan. Ahora tú también conoces el secreto; sólo necesitas aplicarlo con fuerza.

GOCE ANTICIPATORIO

Muchas veces a las personas nos afecta un fenómeno que los psicólogos llamamos «ansiedad anticipatoria»: nos entra el mal rollo con tan sólo pensar en determinada tarea.

Y esa ansiedad funciona como una profecía que se auto-cumple. Nos ponemos a la defensiva, encaramos la tarea con tensión y lo pasamos mal. Y, aunque al final tengamos éxito, guardamos un recuerdo negativo de la experiencia.

Pero podemos aprender a TRANSFORMAR la «ansiedad anticipatoria» en todo lo contrario: en «goce anticipatorio».

El esquema que seguimos para producir esa transformación es:

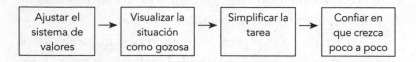

En una ocasión tuve un paciente llamado Luis, de treinta años de edad. Había decidido dejar su empleo como estibador en el puerto para montar una consulta de masaje terapéutico. Se había estado preparando durante años y tenía unas manos prodigiosas. Pero cuando vino a verme el miedo le impedía dar el salto.

Por un lado, temía fracasar: que le fuese mal el negocio y quedarse sin dinero. Por otro, tenía miedo a «agobiarse» durante el tiempo en que la consulta todavía no funcionase. Temía la inactividad durante los meses en que se estaría dando a conocer, haciéndose una cartera de clientes.

Me decía:

—Me pone malo la idea de estar en casa sin hacer nada, esperando a que me llamen. Soy una persona muy activa y esa espera me estresará.

Y así, en la terapia, aprendimos a transformar su «anticipación de estrés» en «anticipación de goce», algo que todos podemos hacer en cualquier situación que nos ponga nerviosos. ¡Parece magia, pero es algo totalmente natural! Se trata del poder de la visualización racional.

1. *Ajustar el sistema de valores*

Del primer punto ya hemos hablado un poco. «Ajustar el sistema de valores» es una de las maniobras fundamentales de la psicología cognitiva que yo practico. Se trata del compromiso personal de disfrutar de la vida por encima de resultados o logros. La idea de gozar del «camino» y no del «destino».

La vida siempre tiene lugar en el presente, en lo que tenemos entre manos. No tiene sentido trabajar para obtener determinados premios «futuros» que más tarde —presuntamente— nos harán disfrutar. Esos momentos de «pódium» son tan breves que no merecen la pena, y mucho menos «pasarlo mal» durante semanas o años para lograrlos. Sin embargo, si gozamos del camino, del día a día, el «premio» es constante e inmediato.

Aprender a tocar el piano es una maravilla desde el momento en que estamos sentados frente al teclado, todos los días, a la hora prevista, en la mágica tarea de aprender. ¡Ahí está la belleza auténtica de la vida: en las cosas sencillas del día a día!

Lo que puede suceder, o no, al final del camino no tiene que interesarnos tanto. El premio puede ser una motivación divertida, pero nada más que eso: un truco para motivarnos, como cuando nos jugamos un refresco a ver quién gana un partido de fútbol.

El primer punto de nuestro esquema, «ajustar el sistema de valores», es fundamental para eliminar la ansiedad porque ahí reside la base del problema. Nos agobiamos por el temor al fracaso, pero cuando nos damos cuenta de que lo único que cuenta es el presente —el amor y la conexión—, el fracaso ya no tiene sentido.

2. *Visualizar la situación como gozosa*

Tras «ajustar el sistema de valores», el segundo punto consiste en «visualizar» la tarea de otra forma: en vez de algo que asusta, tenemos que esforzarnos para verla como la ocupación más bella de nuestra vida.

¡Aquí conviene ser ambiciosos! ¿Cómo que la vida no puede ser maravillosa en todas y cada una de sus manifestaciones? ¡Por supuesto que sí! Todo depende de que planteemos nuestro desempeño diario en clave de goce.

Luis, el quiromasajista, cerró los ojos durante nuestra consulta e imaginó cómo iba a ser un día prototípico durante aquel año de establecimiento de su negocio:

- Se levantaría temprano e iniciaría el día yendo al gimnasio. Empezaría activo, relajado y feliz.
- Después, con un buen café en la mano, llevaría a cabo acciones de marketing y oficina. Con amor, creatividad y música de fondo.
- Después de ese buen trabajo cambiaría a su otro objetivo para ese período: aprender a cocinar platos saludables. Unas dos horas antes de la comida saldría a comprar los ingredientes de la receta. Haría un plato

saludable al día, con productos frescos y supernutri-
tivos.

- Por la tarde dedicaría otro rato al marketing y estudia-
ría inglés. Una o dos horas, también a diario.

Pero lo importante es que se visualizó disfrutando al
máximo. Tarea por tarea. Aunque en un momento dado del
ejercicio le entraron dudas y, en una pausa, me dijo:

—Rafael, ahora me he puesto un poco nervioso. No he
visto claro que pueda disfrutar. Me he visto agobiado ante la
idea de no tener suficientes clientes.

—No te preocupes —repliqué—. ¡Insiste! Olvídate del
resultado. Ya hemos visto que no nos importa. Sólo nos ocu-
pa el hecho de ser felices mientras trabajamos en esas dulces
tareas. ¡Ni por un momento te digas lo contrario!

Luis se llevó a casa la tarea de realizar esa visualización
diariamente y no le resultó difícil. Su mente comprendió que
establecer su negocio —¡como todas las situaciones de la
vida!— podía ser absolutamente maravilloso.

En un mes fue capaz de dar el salto: dejar el empleo y
embarcarse en su nueva aventura. Y lo mejor es que experimentó «cero» ansiedad anticipatoria. Estaba feliz y seguro de
dar el salto.

Uno de los puntos esenciales de este ejercicio es pasar de
una idea negativa a la radicalmente opuesta. Es decir, pasar
de «agobio» a «superdisfrute», de «nervios» a «gran placer».

El hecho de decirle a nuestra mente que NO SÓLO no
hay nada que temer sino que HAY MUCHÍSIMO para disfrutar es un golpe para nuestra neurosis, de forma que desaparece fácilmente la sugestión del miedo.

Cuando debatimos sobre nuestros temores solemos cometer el error de ser poco ambiciosos. Es decir, sólo planteamos que el miedo es infundado, que no hay nada que temer. Pero es mejor ir más allá y decirnos: «El temor no sólo es infundado sino que es totalmente delirante porque, en realidad, ¡la situación es fantástica! ¡Quizá la mejor de mi vida!».

Y esto no es sólo un truco mental sino que ¡es la realidad! Porque TODO en la vida puede ser excelso, genial. ¡Para muchos lo es! ¿Por qué no va serlo para nosotros?

3. *Simplificar la tarea*

Tras los dos primeros pasos —«ajustar el sistema de valores» y «visualizar la situación como gozosa»—, de repente suele llegar, de manera natural, el tercer paso: «simplificar la tarea».

Efectivamente, casi de una forma milagrosa, se nos ocurre una solución ingeniosa que lo hace todo fácil. Y ello se debe a que nos liberamos del temor y activamos la ilusión. Con esa disposición mental se nos ocurren «terceras vías» maravillosas: más sencillas, razonables y efectivas.

Hace muchos años, en la época dorada de la música española, cuando los intérpretes todavía se ganaban muy bien la vida, tuve como paciente a un compositor. Acababa de alcanzar el estrellato. De tocar en garitos de mala muerte había pasado a grandes salas y tenía miles de fans.

Cuando lo conocí acababa de firmar un gran contrato con una compañía discográfica. Le habían adelantado mucho dinero.

Pero en esa tesitura le entró el bloqueo del creador. De repente no le venía la inspiración.

En realidad, lo que tenía era ansiedad de rendimiento porque se exigía mucho. Trabajamos con el esquema que estamos viendo y, llegados a ese tercer punto (simplificar la tarea), se le ocurrió fácilmente una solución intermedia que le desbloqueó por completo.

Una vez «ajustado el sistema de valores» y «visualizada la situación como gozosa», se le ocurrió la idea de componer dos discos. Primero, uno de canciones fáciles y comerciales. Y después, un segundo trabajo excelente, maduro y redondo; el mejor de su carrera. En caso de no conseguir ese segundo objetivo, al menos podría responder a cierto compromiso con el primer disco.

Es decir, iba a empezar con algo sencillo, muy a su alcance. Y sólo después, como objetivo secundario, se plantearía algo excelso, pero ya sin presión.

La idea le relajó por completo. Iba a dividir la tarea en dos partes: una más sencilla y otra más ambiciosa, pero opcional.

Al término de un año sacó al mercado su mejor disco hasta el momento. Vendió más de un millón de copias (un récord en la música española), pero, sobre todo, disfrutó del proceso. El disco fue producto de una selección de más de cincuenta composiciones que preparó para los dos trabajos. El disco fácil y comercial nunca salió a la calle; decidió que las canciones menores habían sido un bonito ejercicio de composición, pero no era necesario publicarlas.

La solución de «los dos discos» era sencilla y hermosa, y le permitió desbloquearse fácilmente.

Cuando nos sacamos la presión y visualizamos sólo disfrute aparecen esas ideas simplificadoras que lo hacen todo más sencillo.

Pero atendamos: esas ideas simplificadoras sólo surgen estando relajados, habiendo aplicado antes los dos primeros pasos:

- Ajustar el sistema de valores.
- Visualizar la situación como gozosa.

4. *Confiar en que crezca poco a poco*

Con frecuencia olvidamos que el verdadero éxito es fruto del disfrute y del crecimiento natural a partir de lo sencillo. Muchas veces nos da la impresión equivocada de que las personas han conseguido sus logros gracias al talento y un trabajo enérgico y rápido. Pero eso no es verdad.

Las grandes realizaciones suelen surgir sin darnos cuenta. Fruto de un proceso fácil y natural (y, sobre todo, propulsado por el goce). Los grandes músicos, por ejemplo, compusieron sus mejores obras de jóvenes, cuando no tenían presión y disfrutaban como niños.

The Police o Dire Straits —grandes bandas de mi juventud— compusieron sus glorias así. Poco a poco. Sencillas melodías adolescentes que derivaron, casi sin quererlo, en grandes temas que sorprendieron a todos —a ellos mismos, en primer lugar.

Por eso, simplificar nuestros objetivos es siempre una buena estrategia. Y, a partir de ahí, dejarlos crecer. Si nos movemos siempre guiados por el disfrute, no cesaremos de crecer.

Luis, el quiromasajista, acabó estableciendo una de las consultas más solicitadas de Barcelona. Paso a paso. Disfrutando, primero, de poder vivir de ello; luego, de ofrecer mejores servicios y, finalmente, siendo un crack reconocido por todos sus colegas y clientes. ¡Así, sin darse cuenta! *Piano, piano.* Disfrutando humildemente del camino.

En este capítulo hemos aprendido que:

- Para eliminar la ansiedad de rendimiento hay que cambiar nuestro sistema de valores...
- Y poner la conexión amorosa en primerísimo lugar.
- Paradójicamente, cuanto menos nos preocupamos, más rendimos.
- La «ansiedad anticipatoria» se puede vencer con «goce anticipatorio».
- Los pasos para el goce anticipatorio son:

    a) Ajustar el sistema de valores.
    b) Visualizar la situación como gozosa.
    c) Simplificar la tarea.
    d) Confiar en que crezca poco a poco.

- «Simplificar la tarea» es hallar, con tranquilidad, el camino más fácil y efectivo.
- «Confiar en que crezca» es entender que, poco a poco y disfrutando, se va más rápido.

6

Gozar del trabajo todavía más

Un granjero se hallaba en su lecho de muerte, sereno y preparado para la partida excepto por una cosa: temía que sus tres hijos abandonasen su próspera granja. Decían que no les gustaba el campo y estaban deseosos de marchar a la ciudad.

Los hizo llamar y les pidió que se acercaran. Susurrando, les confesó:

—Pronto voy a morir y quiero que sepáis que hay un gran tesoro enterrado en nuestras tierras. No sé exactamente dónde está, pero si lo encontráis, seréis inmensamente ricos. Sólo os pido que lo repartáis a partes iguales.

Tan pronto el padre fue enterrado, los muchachos se pusieron a la tarea de buscar el tesoro. Con picos y palas le dieron la vuelta al terreno dos veces. Pero no encontraron nada.

Pero como el campo estaba tan bien trabajado, decidieron cultivar grano tal como había hecho siempre su padre. Tuvieron una gran cosecha.

Después de recogerla se pusieron de nuevo a la tarea de la búsqueda del tesoro, y de nuevo no encontraron nada. Pero, una vez más, plantaron semillas aprovechando la labor realizada. La cosecha fue aún mejor.

Y así transcurrieron los años, hasta que los hermanos le

cogieron el gusto a los trabajos de la granja y se dieron cuenta
del verdadero tesoro que les había dejado su padre en herencia.

Este antiguo cuento sufí quiere enseñar que todos los
trabajos son hermosos si les damos una oportunidad, si nos
abrimos a su belleza natural.

En el anterior capítulo vimos cómo eliminar la ansiedad de
rendimiento en el trabajo. En el presente capítulo vamos a
explicar cómo añadirle, además, pasión.

Las herramientas que se ofrecen aquí me las han prestado
personas excepcionalmente exitosas y «disfrutonas». Sus secretos nos permitirán cambiar nuestra visión del trabajo,
nuestro rendimiento y, sobre todo, nuestra felicidad.

Se trata tan sólo de cuatro conceptos, pero, bien imple-
mentados en nuestra manera de trabajar, pueden cambiarlo
todo. Lo sé por experiencia propia.

No hace mucho tiempo vino a mi consulta un chico de
veinticuatro años. Vivía en un pueblo con sus padres y su
hermano. Estaba deprimido porque, según él, su trabajo era
«una mierda»; su familia, «un desastre»; y él, un «fracaso en
los estudios».

Felip se veía a sí mismo atrapado en una existencia oscura. Pero, claro, tan sólo debido a su diálogo interno. Era
cierto que algunos de sus amigos tenían más comodidades
que él, pero, comparado con otros, gozaba de inmensas
oportunidades.

Su mayor queja era una supuesta precariedad económica.
Sus padres no trabajaban por razones médicas y sólo cobra-

ban un pequeño subsidio. Su hermano tenía un retraso intelectual y no podía aportar nada. Y él trabajaba en un supermercado *low cost*, con un sueldo mínimo.

Con respecto a su carrera, estudiaba Biomedicina, y llevaba un retraso de dos años. Eso le dolía hasta el punto de plantearse dejarla.

Nuestro diálogo fue así:

—Pero, Felip, ¿por qué demonios ves todo mal? ¡Si en verdad estás en una etapa maravillosa! —le dije.

—Pero ¡qué dices! Estoy obligado a trabajar en ese empleo indigno que me repatea el hígado —protestó Felip.

—¿Cómo indigno? ¡Si ahí tienes una oportunidad fantástica para aprender grandes cosas!

—¡Estás de coña! Tú sí que tienes una buena ocupación. Cuando trabaje en biomedicina yo también la tendré, si es que acabo. Pero reponer latas todo el día es un asco —insistía el joven.

—Escúchame bien: te aseguro que miles de psicólogos como yo están hartos de su trabajo. Y muchos médicos y biomédicos también. Yo recibo todos los días a personas que activan la queja, como tú estás haciendo, y entonces no hay profesión que les satisfaga. El problema es el lamento, la negatividad. Te aseguro, amigo mío, que siempre es eso.

Poco a poco fui convenciendo a Felip de que cualquier trabajo puede ser una fuente de goce y de aprendizaje. Todo depende de nuestros pensamientos.

Le expliqué que mi padre fue albañil toda su vida y mi abuelo zapatero remendón. Y estaban muy orgullosos de su oficio.

Felip envidiaba a sus amigos que no tenían que trabajar y

podían sacarse los cursos con menos dificultad. Pero le hice ver que su esfuerzo tenía mucho mérito y que, seguramente, le rendiría grandes beneficios más adelante.

Le dije:

—Cuando busques tu primer empleo como biomédico, no olvides poner en tu currículum que has estado trabajando en el súper.

—¿Qué dices? ¡Pero si es muy cutre! —protestó.

—¡Al revés! Cuando un empleador vea cómo te has financiado los estudios y lo maduro que has sido, te pondrá el primero en la lista de candidatos.

—¡Qué dices! —replicó.

—¡Te lo aseguro! Yo contrato a psicólogos desde hace años, y un perfil como el tuyo me parecería maravilloso. Alguien que, de bien jovencito, ha desempeñado un trabajo duro mientras hacía una carrera difícil como la tuya merece toda mi admiración.

Este último argumento caló en él. A partir de entonces empezó a ver su empleo de otra forma y, en pocas semanas, se vio a sí mismo disfrutando de las oportunidades de aprender y pasarlo bien. Y, con el mismo tipo de razonamiento, también dejó de quejarse de su familia y de sí mismo.

Pero yo comprendía muy bien a Felip. En mi juventud yo también perdí el tiempo despotricando acerca de mis primeros empleos. Si pudiese volver atrás no lo haría. Todos y cada uno de ellos me enseñaron habilidades preciosas, y ahora los veo con simpatía y hasta con nostalgia.

Todos los trabajos son maravillosos, y tengo muchas razones para hacer esta afirmación. Para empezar, el hecho de que muchas personas sí los aprecian y disfrutan —¡y no son extraterrestres!—. En segundo lugar, porque «todo» ofrece oportunidades de aprender, crecer y hacer cosas hermosas. ¡Que se lo pregunten a Iván, mi amigo expresidiario! Para él, cualquier trabajo en la cárcel era una joya.

En el presente capítulo vamos a ver algunas herramientas que nos permitirán conseguir sacar el máximo partido al trabajo, disfrutarlo y tener éxito. Algo muy importante ya que, a lo largo de nuestra vida, pasaremos más horas trabajando que realizando cualquier otra actividad.

SER UN «MOTIVADO»

En el castellano que empleamos en España existe la tonta expresión «ser un motivado» para calificar a las personas que se toman con alegría una tarea. Se trata de una expresión despectiva. La usan precisamente las personas desganadas que desean menospreciar a las que sí quieren disfrutar.

Digámoslo claro: ser «un motivado» es maravilloso. Sólo conlleva beneficios.

Hay personas que nacen «motivadas». Recuerdo que cuando estaba en la universidad, en primero de Psicología, conocí a un estudiante llamado Josep. Él estaba haciendo el doctorado en «Aprendizaje animal» y llevaba a cabo una serie de experimentos con ratas.

Yo le ayudaba a cambio de unos créditos en una de mis asignaturas. Mi tarea consistía en colocar las ratas en un laberinto para estudiarlas.

El caso es que Josep era una de las personas más «motivadas» que he conocido nunca. Irradiaba una efervescente pasión por su trabajo, estaba siempre entusiasmado. Esa entrega le permitió convertirse en el profesor titular más joven de toda la Universidad de Barcelona y, más tarde, llegaría a decano de la facultad.

Me encantaba trabajar con él porque contagiaba energía y positividad. En uno de aquellos días me explicó que él había sido así toda la vida. De niño ya realizaba todas sus tareas con el mismo entusiasmo.

Tener ese nivel de implicación en el trabajo es una de las claves de la felicidad porque marca la diferencia entre una existencia «encendida», *on fire*, o una existencia gris.

Y recordemos: todos los trabajos ofrecen oportunidades para disfrutar. No nos permitamos —como hacía Felip— decirnos a nosotros mismos que nuestro trabajo es un asco.

Está bien querer cambiar para disfrutar todavía más de nuestra vida —¡y estará bien hacerlo!—, pero siempre desde la alegría del presente. Precisamente, será esa alegría la que nos permitirá cambiar de empleo con facilidad.

Una vez más, nos encontramos con una paradoja en psicología: «Cuanto más felices seamos en un empleo "menor", más fácil será cambiar hacia un empleo "mayor"».

Si Felip aprendía a disfrutar como reponedor, su alegría le impulsaría a emprender otro empleo. Pero si, al contrario, se instalaba en la queja, le faltarían fuerzas para todo: hasta para cambiar a un futuro mejor.

Por eso, saber gozar de lo que tenemos —sea mucho o poco— es el mejor pasaporte hacia el cambio.

PRINCE EN LA OFICINA

En una ocasión estaba paseando por la ciudad mientras escuchaba una canción que compuso Prince para una película de animación llamada *Happy Feet*. Es una canción muy alegre titulada *The Song of the Heart*.

Y, como hago a menudo, me entretuve escuchando los diferentes instrumentos que entran y salen de la canción. Prince era famoso por sus arreglos musicales: sabía mucho de armonía y él mismo tocaba muchos instrumentos. Ese tema tiene un ritmo complejo pero muy divertido, y una composición deliciosa. Me imaginé al músico de Minneapolis probando en su estudio arreglos una y otra vez, «tejiendo» la canción para darle su increíble calidad.

El hecho es que, en ese momento, conmovido por el buen trabajo de Prince, yo también quise producir cosas tan hermosas como él. Como no era músico, lo haría con mi trabajo como psicólogo.

Me encantó la idea: trabajar de la forma en que Prince componía música. Esto es, comprometerme a hacer mis tareas de forma artística, como un ofrecimiento al mundo, con amor y atención, con la máxima calidad, con orgullo y honradez.

Creo que una buena manera de encarar el trabajo es querer ser como Prince. Ser un rutilante artista no está sólo al alcance de las estrellas, ¡de cualquiera de nosotros también! Pero tenemos que adoptar esa intención, todos los días, en todo momento de la jornada. Así nos volveremos tipos como Josep, el profesor de Psicología.

Y es que ponerle pasión al trabajo es lo mejor que podemos hacer para:

a) Disfrutar al máximo del mismo.

b) Rendir de manera extraordinaria y tener éxito.

ESQUEMAS DEL DISFRUTE

Desde hace unos años llevo a cabo en mi trabajo —y en mi vida personal— una estrategia que llamo «esquemas del disfrute». Se trata de algo sencillo, pero que ha supuesto un antes y un después en mi capacidad para disfrutar del trabajo.

Consiste en realizar hermosos esquemas de cada tarea que tengo entre manos. Esto es, dibujo en una gran pizarra: «OBJETIVOS», «CONDICIONES», «DETALLES OPERACIONALES», «FECHAS DE REALIZACIÓN», etc., insertados en círculos unidos por flechas, líneas y ¡muchos colorines!

Con los años me he vuelto un adicto a esos esquemas: ¡no puedo vivir sin ellos!

Por ejemplo, en un momento dado de mi trayectoria profesional me surgió la necesidad de contratar a un asistente. Era la primera vez en mi vida que iba a contratar a alguien y, la verdad, no sabía muy bien por dónde empezar.

Sabía que tenía que perfilar el empleo (qué tareas iba a realizar esa persona, el horario, etc.), decidir el sueldo, acondicionarle un despacho, poner un anuncio y un montón de cosas más. Pero, sobre todo, sabía que quería DISFRUTAR de la tarea de contratar a un asistente.

Ya hemos visto —por activa y por pasiva— que la vida es para gozarla, así que para facilitarme la alegría me puse a confeccionar un hermoso «esquema del disfrute».

Era algo así:

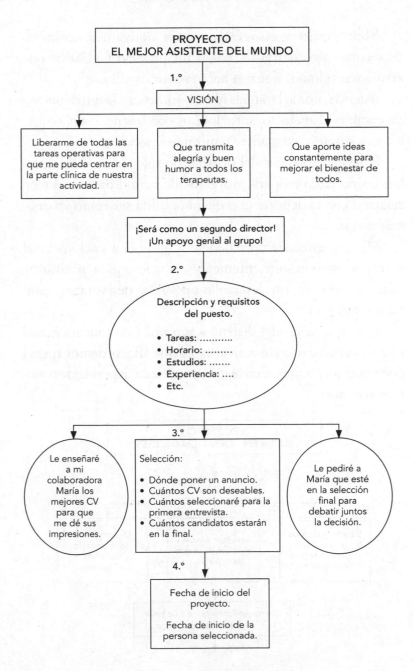

El propósito de estos esquemas es motivarnos, ver las tareas como algo hermoso, como un proceso fantástico que arrojará resultados que nos harán sentir orgullosos.

Además, nos aclaran las ideas y fomentan la introducción de cambios. En efecto, si revisamos con frecuencia el esquema nos surgirán de manera natural nuevas ideas.

Pero los esquemas del disfrute no sólo sirven para el trabajo, sino también para proyectos de ocio. Por ejemplo, en relación con el deporte el esquema podría ser como aparece más abajo.

Mis esquemas siempre tienen descrita una «visión» ideal de mi objetivo lo suficientemente ambiciosa para motivarme mucho. Después, un desarrollo operativo de las tareas también motivador.

Los «esquemas del disfrute» son una herramienta genial por su capacidad para activar la pasión. Recordemos que el goce es el mejor motor en la vida y que sólo depende de nosotros activarlo.

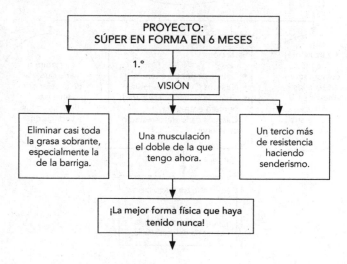

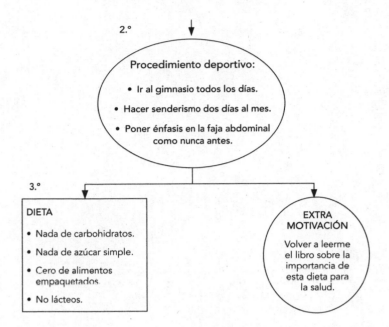

2.º

Procedimiento deportivo:

- Ir al gimnasio todos los días.
- Hacer senderismo dos días al mes.
- Poner énfasis en la faja abdominal como nunca antes.

3.º

DIETA

- Nada de carbohidratos.
- Nada de azúcar simple.
- Cero de alimentos empaquetados.
- No lácteos.

EXTRA MOTIVACIÓN

Volver a leerme el libro sobre la importancia de esta dieta para la salud.

En este capítulo hemos aprendido que:

- Todos los empleos son maravillosos. Decirte lo contrario sólo te va a perjudicar.
- Incluso para cambiar, nos conviene la felicidad de gozar del punto de partida.
- Todos podemos ser «artistas», como Prince, en nuestro propio desempeño.
- Confeccionar esquemas de cada tarea o proyecto nos ayuda a apasionarnos por ello.

7

Sacarse los complejos de forma radical

El sabio Nasrudín y el poderoso rey de Tamerlán se hallaban
sentados en el hammam del palacio. Solían pasar allí los viernes
por la tarde. Hablaban de lo humano y lo divino.
El rey, con aire filosófico, hizo la siguiente pregunta:
—Dime la verdad, ¿qué precio tengo yo?
—Cinco piezas de oro —respondió el sabio con gravedad.
El monarca se enojó:
—¿Qué dices? ¡Sólo el cinturón que sostiene mi bañador
cuesta eso! —dijo señalando el cinto.
Sin inmutarse, el mulá explicó:
—Si me preguntáis por el «precio», ése es el vuestro en estos
momentos. Pero si me preguntáis por el «valor auténtico» de
cualquiera, eso no puede medirse con ninguna moneda del
mundo.

Todos hemos tenido algún complejo alguna vez, sobre todo
de jóvenes. Algún defecto físico o la eterna sospecha de que
no somos muy inteligentes.

De hecho, pocas son las personas que no tienen ningún
complejo en absoluto, aunque yo he conocido a varias. Por

ejemplo, una mujer con una doble mastectomía absolutamente segura de sí misma. Se veía bella con sus cicatrices y se
negaba a ninguna reconstrucción. La conocí en una playa de
Formentera haciendo toples. ¡Y puedo acreditar que era muy
hermosa: por dentro y por fuera!

Vale la pena trabajar para ser personas de este segundo
grupo, individuos completamente desacomplejados, por tres
razones:

a) Porque estar libre de complejos concede una libertad
    fantástica.
b) Porque mejora nuestro sistema de valores y nos permi-
    te ser más felices en general.
c) Porque contribuimos a mejorar el mundo.

Veamos a continuación cómo podemos alcanzar el nivel
más alto de desacomplejamiento: la liberación total.

EL CLUB DE LAS PERSONAS FANTÁSTICAS

Al comienzo de este libro definimos a la persona sana y feliz
en la que nos queremos convertir. Se trata de alguien con
muchísima alegría, energía, paz interior, carisma y amor por
la vida.

Los que son así —un 5 % de la población— pertenecen a
lo que yo llamo el «Club de las Personas Fantásticas». Son los
mejores especímenes del género humano. Yo quiero pertenecer a este club porque en él se disfruta al máximo de la vida y
se proyecta mucho amor a los demás.

El presidente honorario de este club es Stephen Hawking, el científico en silla de ruedas; y el vicepresidente, Mahatma Gandhi. Por cierto, los he nombrado yo.

Además de Hawking y Gandhi, en este club se cuentan cientos de miles de personas de todos los ámbitos del saber: las ciencias, las letras y el arte. ¡Somos muchos!

Y ¡atención!, uno de los pilares del Club de las Personas Fantásticas es que cualquier complejo es absurdo ya que las cualidades trampa no importan un comino. Esto es, que la belleza, la inteligencia o la eficacia, en comparación con el amor, no aportan nada.

Nosotros —«los fantásticos»—, de forma decidida y firme, cultivamos a lo grande el amor por la vida y por los demás, y no le damos importancia al resto de las capacidades humanas. La belleza exterior, la inteligencia práctica y la eficacia no nos interesan especialmente, ni las valoramos en los demás.

Fijémonos en Stephen Hawking: encogido en su silla con la mueca permanente de su parálisis facial. ¡Stephen es un miembro esencial de nuestro club! ¿Dónde está la belleza de Stephen? ¡En su interior, que es el único lugar que cuenta realmente!

Cuando nos invada cualquier idea acomplejante, podemos interrogarnos de la siguiente forma:

—¿A qué grupo quiero pertenecer yo, al de Stephen Hawking o al de las personas inmaduras?

Y la mejor respuesta será:

—¡Por supuesto que al de las personas fantásticas! ¡A los que ya no le damos importancia a la inteligencia, la belleza o la eficacia! ¡Somos los mejores! ¡Los verdaderamente maduros y poderosos!

Pensemos que somos muchos y, además, los más inteligentes y sensibles: los mejores. Hawking, Gandhi, la bañista sin pechos... y millones de personas fuertes y felices. Pertenecemos a ese club y no a otro.

EL RIDÍCULO NO EXISTE

El miedo al ridículo es una de las grandes «neuras» de los seres humanos. ¡Cuántas limitaciones propicia! ¡Cuánto nos perjudica!

En una ocasión vino a verme a la consulta una mujer de unos cuarenta años a la que llamaremos Lola. Era una gran persona, feliz madre de tres niños y propietaria de una empresa junto con sus hermanos. Lola me caía genial: amable, generosa e idealista. Pero tenía un problema particular: en las reuniones sociales le entraban intensos ataques de sudor, hasta el extremo de que dejaba empapada la blusa, aunque hiciese un frío invernal.

Le sucedía sobre todo en reuniones de empresa, en comidas familiares y al recoger a los niños de la escuela, cuando coincidía con otros padres. El hecho de que la vieran sudando la ponía tan nerviosa que se desencadenaba un mayor acaloramiento, en una espiral diabólica.

Es lo mismo que le sucede a las personas con miedo a ruborizarse. ¡El miedo a ponerse colorados es lo que provoca precisamente esos fortísimos ataques de rubor!

Cuando vino a verme vivía obsesionada con el tema y todas las semanas sufría dos o tres ataques de sudor, que también lo eran de nervios. Y después se quedaba exhausta y triste.

Hablamos con Lola del ya mencionado Club de las Personas Fantásticas pero también de mis amigas enfermeras, profesionales que hacen un trabajo maravilloso.

Limpiar llagas y heridas

Yo tengo la suerte de tener muchas amigas enfermeras. Por casualidad, en los últimos diez años he conocido a muchas de estas profesionales que trabajan en hospitales, ambulatorios o incluso en servicios de cooperación humanitaria en el Tercer Mundo.

Se trata de un trabajo muy hermoso porque conectan con la verdadera humanidad de las personas, esa que en nuestro loco mundo moderno ocultamos. Las enfermeras nos ven desnudos, enfermos, con llagas y heridas, y en todo tipo de circunstancias límite. Y nos limpian, nos curan y, al final, nos tapan con la última sábana que cubrirá nuestro cuerpo.

Las enfermeras conocen la hermosa fragilidad del ser humano, la mágica realidad de que hoy estamos vivos y mañana muertos. ¡Conocen la verdad de la vida! Y eso las libera de tonterías: complejos de fealdad, inteligencia o eficacia. Saben perfectamente que todos estaremos —tarde o temprano— en situaciones de fragilidad de todo tipo: abiertos en canal en la mesa de operaciones, confusos por el alzhéimer o inútiles por la demencia.

Con Lola mantuvimos el siguiente debate al respecto:

—¿Ves que el ser humano es frágil por naturaleza? Toda enfermera lo sabe. Ellas no se engañan con la idea social de que somos fuertes, ¡y no te digo ya perfectos! —le dije.

—Sí, visto así, está claro que todos somos poca cosa

—apuntó Lola al comprender la relación entre este hecho y su neura.

—Tú sudas mucho. Es verdad. ¿Y qué importancia tiene? Todos los seres humanos tenemos enfermedades y no pasa nada en absoluto. ¿Lo ves?

—Pero lo mío es muy raro porque es una cosa mental. La gente pensará que soy un bicho raro —insistió.

—Lo pensarán sólo los inmaduros. Los que conocemos la verdadera humanidad no pensaremos nada malo. ¡A los que se mofan habría que llevarlos a un hospital a limpiar llagas!

Al cabo de unos meses de trabajar con estas ideas anti-complejos Lola superó el problema. Cuando entró plena-mente en el Club de las Personas Fantásticas dejó de tenerle miedo a sudar. Y, con ello, ¡también dejó de transpirar pro-fusamente! Aunque ya no le importaba hacerlo o no.

Apartarse del Ku Klux Klan

Cuando tenemos algún complejo nos afecta, de alguna u otra manera, la influencia de los inmaduros. Tememos su reacción humillante. Son locuelos que no saben tratar a la gente con cariño y respeto. Quieren reírse de nosotros, maltratarnos.

Existen. ¡Es cierto! ¡Están ahí! Pero, por suerte, son una minoría. Yo viajo por toda España dando conferencias y no paro de conocer gente maravillosa. Son miles... ¡millones! Está claro que la mayoría de las personas son generosas y se mueren de ganas de amar a los demás.

Pero, con respecto a los locuelos, es muy liberador saber que no tenemos por qué relacionarnos con ellos. ¿Para qué íbamos a hacerlo? Deseamos estar con personas cariñosas el máximo tiempo posible. Con gente de nuestro club, el de las personas fantásticas.

Las personas inmaduras —no plenamente amorosas— son como los miembros del Ku Klux Klan, neonazis, ridículos racistas estadounidenses.

¿Deseamos tener algún amigo del Ku Klux Klan? ¡En absoluto! Lo mejor es apartarse de ellos inmediatamente y dejarles claro que nuestra posición es la opuesta. ¡Que lo sepan: no deseamos relacionarnos con ellos!

Esta postura decidida contribuye a aislarlos. Quizá así, algún día, se den cuenta de su error y se transformen. Mientras tanto, nosotros vamos a obviarlos.

Nuestra decisión de relacionarnos únicamente con gente amorosa elimina de golpe el problema de la presunta humillación.

Para empezar, sabemos que se equivocan, por lo que simplemente los eliminamos de nuestro entorno.

Muerto el perro, se acabó la rabia. Pero hay que ser tajante: ser coherente y optar por relacionarse sólo con personas amorosas. ¡Ni agua a los inmaduros! En esta vida maravillosa no hay tiempo que perder con ese tipo de elementos.

LA ESTRATEGIA DEL BUFÓN

Tuve una vez un paciente, Aitor, que había desarrollado un problema bastante agudo con respecto a las relaciones personales.

De pequeño había sufrido algunas experiencias de acoso

escolar y ahora tenía un fuerte temor social y, al mismo tiempo, una actitud de agresividad preventiva.

Aitor tenía más de cuarenta años, pero los recuerdos de las burlas infantiles se hallaban frescos en su mente. Cuando me los explicaba, rompía a llorar.

Aitor vivía en permanente tensión: deseaba disfrutar de las relaciones sociales pero tenía miedo a ser humillado. Se esforzaba, pero terminaba muchos días hundido por la tensión.

Otra de sus dificultades era estudiar. Era una persona muy inteligente, pero no había ido más allá de la secundaria por temor al grupo. Deseaba estudiar Filosofía, pero la sola idea de acudir a un aula le aterraba.

En un momento dado trabajamos «la estrategia del bufón», que fue definitiva en la eliminación de su temor. Consistía en visualizar lo siguiente:

«Imagínate que vives en el siglo XI y tú eres un enano que trabaja como bufón. Por las mañanas vas hasta el castillo y llevas a cabo tu labor para reyes y nobles. En gran medida, tu trabajo incluye ser el hazmerreír de todos, pero lo llevas con orgullo.

»Por las noches vuelves con el pueblo llano, que también tiene que soportar las locuras del rey. Imagina que la situación es ésa y no podemos cambiarla. Estamos a siglos de plantear cualquier mejora social.

»Pero tú, el bufón, animas a todos y eres su líder. Les explicas que los nobles están locos porque no creen en el amor. Viven y mueren a espada, en sus absurdas intrigas palaciegas. Les enseñas que los cuerdos sois vosotros: los realmente felices, porque basáis vuestra existencia en la armonía y el bien común».

Justo después de describir este escenario le pregunté a Aitor:

—¿Qué importancia tendría tu trabajo como bufón? ¿Sería realmente humillante?

—No, para nada. Como todos los habitantes de ese pueblo, tendría que soportar ese trato, pero con orgullo. A sabiendas de que los nobles se equivocan.

—¡Exactamente, Aitor! Los «presuntos maltratos» nunca tienen demasiada importancia. Simplemente son locuras de personas erradas. No tienen que ver con nosotros, los que defendemos la vía del amor y la felicidad común.

La visualización del bufón fue muy sanadora porque profundiza en la idea de que las «presuntas agresiones» de los demás son sólo ridiculeces producto de mentes enfermas. ¡En realidad no tienen importancia!

Los insultos sólo tienen poder para quien cree en ellos. Pero si les otorgamos su valía real —ninguna—, si los entendemos sólo como locuras de personas inmaduras, no nos afectarán en absoluto. ¡Qué liberación!

Y, por supuesto, siempre existirán personas humillantes y nos tropezaremos de vez en cuando con ellas, pero, simplemente, las trataremos como enfermos contagiosos.

Repito, si podemos evitarlas, lo haremos, ya que es mucho mejor aprovechar el tiempo con personas amorosas que aportan valores positivos.

En resumen, la estrategia del bufón implica:

a) Desactivar las afrentas, despojarlas de valor.
b) Entender a los agresores como pobres enfermos.

c) Comprometernos con la bondad y el amor, y expandir esta filosofía amorosa por el mundo.

d) Escoger buenas relaciones y rechazar las no adecuadas.

LA FRONTERA DE LA OFENSA

Otro fenómeno de las relaciones humanas se da cuando dudamos de si nos han faltado al respeto. Cuando alguien nos hace una broma que está en el límite de la ofensa, ¿qué hacer en ese caso? ¿Cómo saber si ésa es una persona aceptable en el Club de las Personas Fantásticas?

En esos casos, lo mejor es poner en marcha dos maniobras:

a) Intentar enseñar al otro a ser más cuidadoso y amoroso. Esto es, acabar de introducirle en el club.

b) Si tal persona no lo consigue (o no lo desea), habrá que dejarla fuera de nuestro selecto círculo de amistades.

Para llevar a cabo esta labor de educación, primero tenemos que tener claro el «manual de buenas prácticas» a la hora de bromear.

La forma correcta de bromear es asegurarse siempre de que el otro no se ha ofendido.

Todos hacemos guasa y no pasa nada. En realidad, sería muy aburrido no poder hacer chanzas. Pero la diferencia (¡esencial!) es que el propósito no es ofender, sino divertirse: ¡ambos!

Por eso tenemos que asegurarnos de que el otro lo capta así. Para ello, un gesto o unas palabras bastan. Por ejemplo: «¡Mira que eres perro!» (como sinónimo de perezoso), podemos decir con una mueca exagerada que denota que estamos de broma y que lo decimos cariñosamente.

También podemos tocarle en el hombro de forma amorosa. O, incluso, acabar la frase subrayando: «Es broma, ¿eh?».

Existen muchas formas de poner de relieve que no deseamos molestar, sino divertirnos juntos. Y ése es el detalle que lo cambia todo.

Nuestros amigos tienen que asegurarse de que todas sus bromas son para los dos, no para ellos solos. Si no son capaces de aprenderlo, les dejaremos fuera de nuestra vida, porque ello significaría que no tienen la madurez necesaria para estar entre adultos amorosos y sanos.

En ese caso, ¿para qué queremos incluirlos en nuestro selecto club? Ya hemos visto que tenemos que escoger a nuestros amigos. Además, nuestra posición —clara y firme— contribuirá a construir un mundo mejor.

ESCUELAS ANTI-*BULLYING*

Cada vez más, los colegios introducen programas anti-*bullying* o de prevención del acoso escolar. Se trata de formaciones para aprender a ser amables y no acosar a nadie.

En otros libros hablé de cuál sería mi programa ideal y no repetiré aquí mi ideario, pero sí cabe subrayar que lo que acabamos de ver estaría dentro de esa formación. Los chavales se beneficiarían mucho si aprendiesen que:

a) Pueden escoger a sus amigos y rechazar a otros.

b) Lo mejor es basar esta selección en la madurez amorosa (la capacidad de dar amor).

c) Las personas nos enseñamos los unos a los otros a ser mejores personas.

d) Pero si resulta muy difícil con alguien en concreto, podemos rechazarlo.

Los profesores deben enseñar, una y otra vez, cómo se bromea de forma amable, haciendo una labor incansable, especialmente sobre los que tienen dificultades para aprenderlo, pero respetando e incluso fomentando el aislamiento de los acosadores (hasta que se decidan por formas amorosas de relación).

El caso del joven transexual

Un padre tenía dos hijas. Una se casó con un hortelano y la otra con un fabricante de ladrillos.

Al cabo de un tiempo fue a visitar a la casada con el hortelano y le preguntó sobre su situación.

La chica explicó:

—Todo va genial, papá, pero me gustaría que lloviese más. Así las plantas crecerían mejor.

Poco después el hombre visitó a la otra hija y también le preguntó sobre su felicidad.

La joven respondió:

—Estoy muy contenta, aunque si tuviésemos más sol, los ladrillos se secarían mejor y tendríamos mayor producción.

Aquella noche el padre se la pasó en vela. Se preguntaba: «Si una desea lluvia y la otra tiempo seco, ¿a cuál de las dos ayudo con mis plegarias?».

Este cuento ejemplifica cómo los seres humanos nos perturbamos a base de desear lo que no tenemos. Perdemos de vista que la vida ya nos ofrece mil oportunidades de ser felices, tal como son las cosas.

Hace poco vino a verme a mi consulta de Madrid un paciente de unos treinta años llamado Juan. Me lo había enviado su madre, preocupada por que estaba deprimido. Hablé con ella por teléfono. Resulta que había sido psicóloga, aunque ahora estaba jubilada.

Informado del problema de Juan, me dispuse a recibirlo al cabo de dos días. Según su madre, estaba deprimido porque no encontraba trabajo, había roto con sus amigos y se encontraba un poco aislado.

El día señalado, cuando Juan entró en la consulta me quedé de piedra. ¡Juan era Juana!

Delante de mí había una persona con melena pelirroja, enormes pechos, minifalda y medias de rejilla.

La hice sentar y empezamos la conversación.

El caso es que Juan, desde hacía varios años, se estaba convirtiendo en Juana. Me contó que hasta los veinticinco se había considerado asexual. No sentía deseo ni por chicos ni por chicas. Ni siquiera se masturbaba. Pero a partir de una experiencia reveladora se dio cuenta de que era gay.

Curiosamente, hasta entonces Juan había sido jugador de

rugby y sus amigos de toda la vida eran los típicos machotes. Cuando se enteraron de que era homosexual alguno hizo alguna broma de más pero, en general, le aceptaron sin más.

Al cabo de unos meses Juan siguió su progresión. Entonces decidió que se sentía mujer y que se imponía un cambio físico. Primero se quitó la barba con láser. Luego se operó los pómulos y los pechos. Y después ya vino un carrusel de hormonaciones y más intervenciones.

En el momento de la consulta sólo le quedaba extirparse los genitales, operación que ya estaba planificando.

—¿Y en qué te puedo ayudar? —le pregunté.

—Estoy deprimido porque no encuentro trabajo y no tengo amigos.

—¿Qué pasó con ellos? —inquirí.

—Al principio aceptaron que fuese gay, pero cuando empecé con el cambio de sexo fue demasiado para ellos —concluyó.

Durante el curso de la terapia le indiqué que en Madrid existen varias asociaciones de transexuales, donde sería recibido con los brazos abiertos. Pero me dijo:

—Yo no quiero ir con trans, Rafael, sino con gente «normal»: tener amigas y amigos con los que ir de copas, de compras o al gimnasio...

Después hablamos del problema del trabajo y nos encontramos con una situación similar. Juana quería trabajar en una tienda de moda de alta costura porque le encantaba el diseño y la ropa elegante, pero, hasta el momento, ni siquiera la tenían en cuenta en los procesos de selección.

Al cabo de seis sesiones Juana interrumpió la terapia porque mi visión del tratamiento chocaba demasiado con ella. No la he vuelto a ver. Espero que haya conseguido encontrar a otro terapeuta que haya podido ayudarla. Pero su caso nos va a ser útil para entender la visión cognitiva de la transexualidad y, por extensión, el tema de los complejos y el temor al ridículo.

¡ME DUELE LA CARA DE SER TAN GUAPO!

Como ya hemos visto, desde la óptica cognitiva todas las personas somos igualmente hermosas: ¡bellezones! Por muchas razones:

a) Porque la belleza reside en el interior, en nuestra capacidad de amar.
b) Porque somos milagros de la naturaleza: estar vivo es ya maravilloso.

Cuando nos liberamos de la necesidad de «belleza externa» damos un salto adelante en nuestra capacidad de disfrutar de la vida.

Para empezar, nos quitamos de encima cualquier complejo posible. También la «depre» de cumplir años. Y empezamos a gustarnos de manera incondicional. Literalmente, cada día nos vemos más guapos, interesantes y valiosos. Cada día que pasa, ¡yo me veo más hermoso! Lo digo en serio.

Yo tenía una novia, Alba, cuyos pechos estaban bastante caídos después de amamantar a dos fieras durante bastantes años. Ella bromeaba sobre la posibilidad de operárselos, pero yo me oponía con todas mis fuerzas.

A mi parecer, ¡tenía los pechos más hermosos del mundo!

¿Por qué? Porque eran los suyos y yo estaba enamorado de cada centímetro de su piel. ¡Me gustaba todo de ella! Teníamos una altura similar y, a veces, yo llevaba una chaqueta suya de montañismo. Me encantaba llevarla porque era suya, olía a ella y había cubierto su cuerpo.

Alba no era una chica especialmente guapa, según los absurdos estándares oficiales, pero era un megabombón según los de cualquier persona con dos dedos de frente: por su calidad humana.

La belleza física es una construcción social que varía mucho. A principios del siglo xx se llevaba la mujer entrada en carnes; ahora, la bien delgada. En un momento dado, de pechos grandes; después, de pequeños... ¡Qué despropósito!

Y es que a la moda le interesa ir cambiando para mantener el impulso de venta siempre activo. ¡Es una tontería arbitraria! Podemos jugar a ello pero, ¡por Dios!, no hay que darle mucha importancia.

En mis conversaciones con Juana, la paciente trans, yo intenté convencerla de que era guapa tal como estaba. No necesitaba extirparse nada. Y como hombre también era perfecto. Enseguida protestó:

—¡Pero, Rafael, yo no me siento varón! Odiaba verme en el espejo. Por dentro soy mujer. ¡Y ahora lo soy por fuera también!

—Yo tengo otra opinión. Tú eres un hombre gay que se siente mujer en muchísimos aspectos. Y tu cuerpo, como hombre gay, era fantástico. Como lo es mi cuerpo y todos los cuerpos sobre el planeta.

Estas conversaciones la ponían muy nerviosa porque estaba desmontando su creencia de que «no podía ser feliz con cuerpo de hombre»: la creencia irracional que había motivado todo el montaje de operaciones del cambio de sexo.

Le expliqué:

—A mí no me importaría medir quince centímetros más, como George Clooney, pero no lo necesito para ser feliz. ¡Qué le den a eso! Ya soy inmensamente guapo.

—Pero en mi caso es diferente, Rafael. Porque yo me siento mujer a todos los efectos. ¡Estoy encerrada en un cuerpo de hombre! ¡Odio mi pene! —dijo un poco alterada.

—Eso es porque te has metido en la cabeza ciertos estándares sociales de lo que debe ser un hombre y una mujer. Pero eso es una gilipollez. Yo tengo cuerpo de hombre, soy hetero y también me siento mujer en muchos aspectos. ¡Y podría llevar falda! ¡Y tacones!

Desde un punto de vista racional, las operaciones de cirugía estética sólo tienen sentido en casos médicos serios o cuando son muy sencillas y no entrañan ningún peligro, cuando se asemejan a ir a la peluquería.

Pero las operaciones importantes, que ponen en peligro la vida de uno sólo para alcanzar un estándar arbitrario, son un sinsentido. Esa «belleza exterior» no dará nunca la felicidad.

La historia de Juana ejemplifica una de las enseñanzas esenciales anticomplejos: ¡todos somos bellos! ¡Todos somos maravillosos! ¡Todos tenemos fallos y da igual! Lo insoportable sería lo contrario: que todos fuésemos iguales, con un estándar de belleza tipo Barbie. ¡Qué horror! ¡Eso sí que sería antinatural y feo!

Cambiar el mundo

La ideología del «desacomplejo» o del «antirridículo» que hemos desgranado aquí nos permite convertirnos en personas más fuertes y felices. Pero también ejerce un papel benéfico sobre el mundo.

Si todo el planeta tuviese muy arraigadas estas ideas, viviríamos en un lugar más amable, amoroso y divertido.

Sería genial que todos propagásemos con entusiasmo la «filosofía del desacomplejo y el antirridículo», que también es la filosofía de la fuerza y el amor, la filosofía de la madurez.

Como contribución, he redactado el siguiente manifiesto:

Manifiesto del Club de las Personas Maduras y Realmente Inteligentes

Hoy, y para siempre, me inscribo en el Club de las Personas Maduras y Realmente Inteligentes:

Creemos en la maravillosa esencia del corazón humano.
Creemos que en la cooperación se halla nuestra verdadera fuerza.
Somos la auténtica potencia del mundo.
Somos más y mejores.

La belleza no nos importa: ¡somos compañeros de Stephen Hawking!
La mera inteligencia nos da igual: ¡somos síndrome de Down!
El ridículo no existe: todos fallamos por igual.

Unámonos todos los seres humanos sensibles y emocionalmente inteligentes.

Mantengamos nuestra bandera en alto.

Dejemos a los locos a un lado para que, tarde o temprano, se den cuenta...

De cómo viven las personas adultas: los creadores de
belleza y bondad.

En este capítulo hemos aprendido que:

- Existe un grupo enorme de personas que cree que el amor es la única cualidad humana valiosa. A ese grupo lo podríamos llamar el «Club de las Personas Fantásticas».
- Todos podemos escoger pertenecer a él.
- Las cualidades trampa como la inteligencia o la belleza no valen para casi nada.
- No tenemos por qué relacionarnos con personas que no defienden nuestros valores. Eso elimina su posible influencia.
- Para alguien realmente maduro, las burlas son actos de locos sin más importancia.
- Todos estamos expuestos a los locos del mundo y no pasa nada mientras estemos seguros de nuestra filosofía.
- Las bromas deben realizarse asegurándose de que el otro no se molesta.
- Nuestra filosofía anticomplejos contribuirá a un mundo mejor.

8

Sentirse cómodo en cualquier lugar

Mi profesor Giorgio Nardone, en su maravillosa clínica de Arezzo, Italia, decía que «todo es un asunto de Baja Tolerancia a la Frustración (BTF)». En todas las clases que nos impartía a sus colaboradores más cercanos, durante aquellas hermosas tardes toscanas, siempre salía el término. Ya fuese un caso de anorexia o de celos patológicos, la BTF parecía estar detrás de todo.

Y es cierto que se trata de un componente clave de la fortaleza emocional. Por eso es tan importante conseguir lo contrario, si puede ser, en altas dosis: Alta Tolerancia a la Frustración (ATF).

Cada maestrillo tiene su librillo y las distintas escuelas de psicología proponen diferentes modos de conseguirlo. Pero mi experiencia me dice que el método cognitivo es el mejor. Veámoslo.

La ATF es aquella capacidad de estar bien aunque pasemos hambre, estemos cansados o las cosas no salgan como pensábamos. Y, al contrario, una persona con BTF se pone nerviosa y se irrita ante las adversidades. Y finalmente «ya no lo soporta más»; esto es, le ataca la enfermedad de la «no-lo-puedo-soportitis».

En este capítulo estudiaremos un mecanismo mental para ganar ATF. Lo denomino «sentirse poderoso en la carencia». Se trata de aprender a activar, siempre que uno quiera, una dulce sensación de liberación y poder ante la adversidad.

Poder, dominio y placer

Conozco a algunas personas que llevan a cabo ayunos como método de limpieza intestinal. De vez en cuando, no comen durante un día entero o dos. Al parecer es una buena manera de regenerar el sistema digestivo, una parte esencial de nuestra salud.

Uno de ellos es mi amigo Antonio, periodista y escalador, uno de los tipos más energéticos que conozco. Un día me explicaba sus sensaciones durante un ayuno de varios días:

> El primero me costó un poco, pero ahora los realizo con comodidad. De hecho, es un ejercicio que me gusta. Es como viajar a la montaña, una aventurilla emocionante.
>
> El momento clave llega al cabo de cinco horas de no comer nada. Tu mente te pide comida. Percibes la aguda sensación del hambre. Pero en ese momento te tienes que decir: «Soy como un yogui hindú, no necesito comer; no lo haré en varias horas, y sentiré que mi cuerpo se sana y regenera».
>
> Entonces siempre me sucede que, en segundos, mi mente se acomoda y el hambre cede hasta ¡desaparecer!
>
> Es curioso constatar que si vas haciendo el ejercicio del yogui, y piensas que estás regenerando tu sistema digestivo, ¡se te pasa el hambre!

Y, adicionalmente, te sientes genial porque sabes que dominas tu cuerpo. Es una sólida sensación de poder; es muy interesante.

Efectivamente, la clave del ejercicio de «sentirse poderoso en la carencia» está en buscar esa sensación de poder. Sentir que uno controla la mente por encima del cuerpo. Ese hecho proporciona una magnífica sensación de bienestar y dominio.

«Sentirse poderoso en la carencia» me recuerda a mis primeras salidas montañeras. Debía de tener siete años cuando ingresé en mi primer grupo excursionista. En aquellas largas caminatas por los montes me encantaba ir en el grupo de delante, tirando de todos los niños; estaba fatigado, claro, pero saber que podía caminar más rápido que los demás fue mi primer experimento de «sentirme poderoso en la carencia».

Los beneficios emocionales del ejercicio «sentirse poderoso en la carencia» son:

- Experiencia de poder, de dominio.
- Experiencia de liberación.
- Placer.

LAS CLAVES DE LA TOLERANCIA A LA FRUSTRACIÓN

Las claves para hacer sencilla la ATF o «sentirse poderoso en la carencia» son:

a) Quitarle importancia al concepto de comodidad.
b) Emplear la incomodidad para pulir nuestros sentidos y experimentar placeres más elevados.

Veamos el primer punto: acabar con el endiosamiento de la comodidad.

La sociedad nos inculca que el confort es la madre de todo bienestar. Lo hace mediante tramposos anuncios en los que nos venden, por ejemplo, lavadoras que otorgan la felicidad.

En los anuncios de televisión suele aparecer una señora que tiene en su casa una máquina que lava muy blanco, centrifuga muy rápido y no hace nada de ruido y, gracias a ello, la señora tiene un redondo semblante de satisfacción próximo al nirvana. ¡Es el retrato de la felicidad suprema!

Y lo mismo sucede con los coches, los cojines para perros o lo que sea.

Los publicistas nunca dicen la verdad: «Esta lavadora tiene una serie de ventajas: lava mejor con menor esfuerzo y le proporcionará más tiempo libre y ropa más blanca. Punto: nada más».

Saben que si se limitasen a la verdad venderían mucho menos, porque han aprendido que ligar «felicidad» a un producto nos hace desearlo exageradamente. La gran mayoría de los anuncios son una estafa a la raza humana porque nos dan gato por liebre: hacen pasar la comodidad —un placer muy efímero e insustancial— por el bien supremo: la felicidad.

¡VIVA LA INCOMODIDAD!

Pero todos podemos sacarnos de encima esa loca atracción por la comodidad dándonos cuenta de que una vida altamente cómoda no es una vida feliz.

Imaginemos que nos colocan el resto de nuestra vida en una habitación con la temperatura siempre perfecta, con la comida más sabrosa, y con masajes y cuidados constantes. ¡Así, sin salir de allí, durante toda nuestra vida! ¿Nos daría eso la felicidad? ¡Ni de coña! Acabaríamos hartos de tanta comodidad.

Por cierto, que en un pseudoparaíso así me metieron un fin de semana, hace muchos años. Mi novia de aquella época era periodista y le regalaron —a cambio de un reportaje— dos días en un establecimiento de lujo llamado hotel Le Méridien Ra, en Tarragona.

El lugar era una especie de palacio faraónico donde pretendían hacer creer al cliente que era el mismo Ra, el dios Sol. En cuanto entrabas allí veías un montón de camareros que buscaban constantemente la voluntad desatendida del cliente: «¿Necesita algo, señor?», «¿En qué puedo ayudarle, señor?». Estaban por todas partes y se acercaban ante cualquier mirada.

El lujo era enorme: materiales nobles, limpieza extrema y, por supuesto, servicios de masajes, aguas termales y comida exquisita por doquier.

Llegamos a la suntuosa habitación y, frente a ella, unas vistas maravillosas de la playa. El lugar donde yo habría deseado estar, en vez de en aquel ataúd lujoso para ricos pretenciosos y aburridos.

Aquel lugar era de una vacuidad absoluta. Después del primer masaje y el primer circuito de aguas, deseaba largarme a tener hermosas aventuras, reales, fraternales y ¡maravillosamente incómodas!

Cada vez que sintamos la tentación de quejarnos de la incomodidad, recordemos la mentira del Dios Comodidad.

La comodidad no es tan buena —sólo en pequeñas dosis—. Una vida sana es una vida deportiva, animada y movida, donde la incomodidad nos hace más fuertes, más interesantes y felices.

La dieta del éxtasis

Muchos de los hechos y anécdotas de la historia de la psicología —y esto incluye la religión— pueden parecer rarezas sin sentido, pero no lo son.

Uno va descubriendo su significado a medida que se adentra en su estudio. En realidad, esos extraños relatos hablan de fenómenos muy reales y tangibles. Con frecuencia describen los conceptos más útiles, los secretos más poderosos.

Y una de esas historias es la que cuenta que Jesucristo, antes de empezar su vida pública, llevó a cabo un rito de paso: se retiró cuarenta días al desierto a orar, solo y sin nada que llevarse a la boca.

El relato no es tan disparatado ya que se puede estar cuarenta días sin comer —no sin beber— en una suerte de fuerte ejercicio de abstinencia.

Pero podemos preguntarnos: ¿por qué diantres lo hizo? ¿Por qué no se retiró esos cuarenta días con una mochila bien pertrechada? ¿Por qué someterse a esa prueba?

La psicología cognitiva puede ofrecer una explicación. Lo hizo para demostrarse a sí mismo que se puede ser muy feliz con hambre en la panza. O, lo que es más, que se puede ser feliz en cualquier situación: con dolor, con ansiedad, hasta con depresión. ¿Cómo es posible?

La respuesta más directa es «porque sí». Simplemente porque muchos lo han demostrado. Es un hecho.

Y la explicación más técnica es que frente a una emoción muy fuerte la mente hace desaparecer las demás emociones. Es lo que los romanos describían como «Ubi maior minor cessat» (Cuando aparece el mayor el menor cesa). La alegría desbordante deja en un segundo plano cualquier otra sensación.

Sin duda, esa gran emoción que experimentó Jesús en el desierto era la alegría, el amor desbordante por la vida. Ese hombre prácticamente levitaba de éxtasis al contemplar la prístina arena del desierto, disfrutaba de los colores del amanecer como si le pertenecieran a él... Y el hambre se deshacía como un puñado de sal en ese mar de placer mental.

ASCETISMO *MILLENNIAL*

El ascetismo es la práctica de privaciones con un motivo espiritual. Lo han empleado todas las religiones y filosofías antiguas. Su propósito: crecer, ser más feliz, transformarse a lo grande. ¿Cómo funciona?

El ascetismo trata de pulir nuestro sistema de valores, hacernos llegar más lejos, profundizar para llegar al auténtico pozo de la fortaleza y la felicidad.

En psicología cognitiva decimos que el paciente tiene que buscar un cambio radical de creencias si quiere notar su efecto sobre sus emociones. Por ejemplo, sólo si estás totalmente convencido de que «no» necesitas la aprobación de los demás serás libre para hacer el ridículo en todo lugar, o para confesar que eres gay o cualquier otra opción que se enfrente al estándar de la mayoría.

Para ello buscamos una cascada de argumentos a favor, por ejemplo de la homosexualidad. Y más que eso, incluso pedimos la militancia, ¡el orgullo gay! En fin, un giro total en nuestra manera de pensar.

La ascesis hace lo mismo con respecto a la espiritualidad: se pone radical para que lleguemos más lejos en nuestro sistema de valores. La ascesis busca demostrar que la alegría por la vida, la comunión con Dios —o con la Naturaleza— es una fuerza tan arrebatadora que no hay mal que se resista a su presencia.

Por eso, santa Teresa de Ávila dijo en uno de sus poemas referidos a Dios:

> *¡Oh, hermosura que excedéis*
> *a todas las hermosuras!*
> *... pues atado fuerza dais*
> *a tener por bien los males.*

En estos versos, la santa expresaba que «con Dios, los males se convierten en bienes». Esto es, una emoción enorme como la alegría del creyente puede deshacer cualquier emoción negativa.

La autolimitación, los pequeños castigos corporales son un ejercicio de profundización en la espiritualidad, en el goce, en el amor. Nunca antes la comodidad, la riqueza material ni los placeres mundanos tuvieron menos relevancia.

La ascesis es un ejercicio de pulido: despreciamos —por un período— todo aquello que no tiene que ver con el amor y el placer espiritual para hacernos brillar con más luz. ¡Y funciona!

Desde un punto de vista psicológico, cuando trabajamos la ATF lo que hacemos es generar una emoción positiva tan potente que se apagan las demás (especialmente las negativas). Y eso producirá el milagro de no notar apenas el hambre, el cansancio o lo que sea. «¡El amor mueve montañas!», llegan a decir las Escrituras.

ENGANCHADOS A LA PRIVACIÓN

Una vez conocí a una chica que se había metido a monja de clausura. Poco antes lucía una espléndida melena rubia. Era una guapísima chica de veinte años, pero con muchos momentos de apatía. No era infeliz, pero tampoco estaba encantada con su vida.

Después, ya en el monasterio, pasó a ser una de las personas más desbordantes de alegría que he conocido. Ahora no se le veía el pelo y llevaba un sencillo hábito gris, pero su sonrisa iluminaba las estancias por las que pasaba. Ya no necesitaba casi nada mundano.

Los monjes y las monjas de todas las religiones viven en frías y sencillas celdas. Y hay una razón para ello: pulir la espiritualidad, concentrarse en los valores más poderosos del mundo, vivir mucho más felices. En el desierto es donde se abre el Tercer Ojo, la percepción de la belleza a lo grande.

Por eso, los religiosos parecen engancharse a la privación. ¿Qué les da? ¡Poder! El poder de conectar con la parte más hermosa de su mente, la facultad de conectar con la belleza del mundo a un nivel más profundo. Ser invulnerable.

FELIZ EN PRISIÓN

Hace justamente un año me invitaron a dar una conferencia en la antigua cárcel Modelo de Barcelona, una prisión muy particular porque se hallaba en medio de la ciudad. Se trataba de dar una pincelada de la psicología cognitiva a los internos.

Fue una experiencia muy interesante y bonita, por varias razones. Por un lado, porque pude visitar por primera vez una prisión por dentro. Y, por otro lado, porque tuve la fortuna de conocer a Iván, una persona fascinante, como veremos a continuación.

La Modelo era una cárcel muy antigua, de más de cien años, y recordaba a las películas de Alcatraz: planta en forma de hexágono, galerías con celdas y un patio con una cancha de fútbol y baloncesto.

Mientras me paseaban por allí e intentaba imaginar cómo sería la vida dentro, me sorprendió lo siguiente: entre las figuras de internos deambulando, puertas y pasadizos, mi mirada reparó en un joven de unos treinta años con coleta y barba pelirroja. Empujaba un carro de lavandería y avanzaba en mi dirección. Era alto y vestía una chaqueta de la Selección Italiana de fútbol.

Aquel chico destacaba sólo por una razón: había algo en él completamente diferente; tanto, que aquella visión se me ha quedado grabada con todo detalle.

El caso es que esa persona iba caminando, realizando su trabajo: ¡con una enorme y hermosísima sonrisa!

Iván era el único allí con un semblante tal: irradiaba limpia felicidad. El chico estaba dotado de color mientras todo lo demás parecía en blanco y negro.

Ahora recuerdo aquello como en cámara lenta: Iván pasó por mi lado con esa luminosidad intensa... y, cuando me rebasó, regresé a la conversación y la velocidad normal de antes.

Poco después me encontraba en la sala de actos dando mi conferencia.

Mi charla fue peculiar porque todo el rato, mientras hablaba, tenía la sensación de que la audiencia no me seguía. Era la primera vez que me pasaba algo así. Intenté bajar el nivel de las explicaciones, utilizar un lenguaje más sencillo, pero creo que no lo conseguí.

Finalmente llegamos al turno de preguntas y acabé con la esperanza de haber contribuido a esa parte de la sociedad que tenemos tan olvidada.

Los funcionarios que me habían invitado me acompañaron mientras abandonábamos la sala. Y, antes de cruzar el umbral, apareció ante mí de nuevo el joven de la cara iluminada. Iván me tendió la mano y dijo:

—¡Genial la conferencia! Usted se llama Rafael Santandreu, ¿verdad?

Su saludo me pilló desprevenido. Le estreché la mano.

—Pero no me llames de usted, por favor. ¿Te ha gustado la charla? —pregunté.

—¡Me ha encantado! No te lo creerás, pero yo he aprendido todo eso aquí, yo solo, ¡en la cárcel! ¡Y es tal como has detallado! —exclamó.

—¿En serio? —pregunté sorprendido por su entusiasmo.

—No te lo vas a creer, pero yo he aprendido a ser feliz aquí y que todo está en nuestra cabeza. Mi familia me llama por teléfono para saber cómo estoy y les digo: «¡Mejor que nunca!». ¡Y me quieren enviar a un psiquiatra! —dijo riendo—. Pero les digo: «Venid a verme para comprobarlo».

En aquel momento el educador social me reclamó porque teníamos una comida con parte del personal del centro. Y, muy a mi pesar, me despedí de Iván y su fascinante relato.

Pero, una vez sentado a la mesa, no pude menos que preguntar:

—Ese chico que me ha saludado, Iván, me ha dejado impactado. ¿Lo conocéis?

—¡Cómo no! Es una persona fantástica. Lleva dos años aquí por tráfico de drogas y todos estamos intentando que revisen su condena. ¡Es el tipo más amable y positivo que he conocido en mi vida! Es una ayuda para todos —respondió Joaquín, el educador social.

—¿Sabes? Me ha explicado que su estancia aquí está siendo una lección única. Que da gracias a la vida por haber entrado en la Modelo —apunté.

—Rafael, yo creo que es el más feliz de todos: incluidos nosotros —concluyó Joaquín.

Al cabo de unos meses de aquello supe que a Iván le habían concedido el Tercer Grado, lo cual implicaba que dormía en un piso tutelado. Vivía en Barcelona y trabajaba en un restaurante como camarero.

Muy generosamente, accedió a encontrarse conmigo para hablar de su experiencia de cambio. Ésta es la conversación que tuvimos: pura experiencia práctica de la autoterapia cognitiva.

RAFAEL SANTANDREU: ¿Por qué te metieron en la cárcel?

IVÁN: Por traer cocaína de Colombia. Yo iba a pasar dinero ilegalmente, pero me metieron también la coca en la maleta y me pillaron. Te he de decir que yo entonces consumía cocaína.

R. S.: Dentro de la maleta había droga que tú desconocías...

I.: Sí, sí, sí. La vi y flipé. ¡Yo creía que iban a encontrar el dinero y pensé: «¡Qué putada!», pero cuando vi la droga me dije: «¡Triple putada!».

R. S.: Y en el primer momento que te meten en el talego, ¿cuál fue tu reacción emocional?

I.: Me daban ataques de ansiedad. ¡Era algo físico! No paraba de llorar. Los mismos policías —que me trataron muy bien, sinceramente—, decían: «Nunca hemos visto llorar a alguien así». No podía parar y contagiaba a los de las otras celdas. Se ponían a llorar todos.

R. S.: Y tu novia te dejó...

I.: Sí, aguantó seis meses, pobrecita. Es normal. Buah, fue durísimo, pero me hizo un favor.

R. S.: ¿Por qué?

I.: ¡Le agradezco un montón que me dejara!

R. S.: ¿...?

I.: Estuve cuatro meses sin poder leer ni nada, que era entonces mi máxima distracción. Pero me quedé choqueado, me dolía un montón, como si me hubiera roto algo.

R. S.: Pero ¿por qué dices que te hizo un favor?

I.: Porque gracias a eso pude estar más conmigo, recapacitar un montón, conocerme más.

R. S.: ¿Se puede ser feliz en la cárcel?

I.: Sí. Yo, cuando cambié el chip, empecé a ser feliz.

Llegó un momento en que sólo hacía actividades valiosas y aprendí a tener libertad interna, a valorar las pequeñas cosas, a valorar al ser humano, a poner pasión a todo... Mira, te cuento una anécdota: un día que estaba trabajando viene una mosso d'esquadra superguapa y me dice: «¿Tú eres Iván?». Yo le respondo muy extrañado: «¿Cómo sabes que soy Iván?». Y me suelta: «Porque unos profesores decían el otro día que había un joven en esta cárcel que era una joya: un tipo feliz y siempre alegre llamado Iván. Tenías que ser tú, porque cada vez que entro a este sitio veo que estamos todos amargados... ¡menos tú! Déjame que te dé un abrazo». Fue muy bonito. Bueno, a mí me pasaban muchas cosas así.

R. S.: Pero debía de haber momentos difíciles...

I.: ¡Por supuesto, Rafael! Estamos hablando de la cárcel, no de Port Aventura. A veces sufría, pero no por eso dejaba de ser feliz. Allí aprendí que el dolor o las adversidades no son importantes para la alegría interior. Además, sin malestar no apreciarías luego la ausencia de malestar, ¿no crees?

R. S.: ¡Hace dos semanas me dijo eso mismo un taxista en Ciudad de México! Y se le veía tan satisfecho de su vida...

I.: Es que nos han metido en la cabeza «la queja» constante. Yo antes me quejaba de todo, y precisamente por eso caí en la droga. Era un medio de evadirme de mi mal rollo. ¡Pero era un mal rollo que me creaba yo mismo! Ahora creo que no hay situación lo suficientemente adversa para quejarme.

R. S.: La falta de libertad tampoco...

I.: El concepto de libertad es ambiguo. Aunque suene cursi, la libertad está dentro de uno. Yo he tenido una privación de movimiento, pero de libertad no. Yo siempre he sido libre.

R. S.: ¿En qué sentido?

I.: En el sentido de que mi mente es libre para valorar mis posibilidades, para encontrar oportunidades de hacer cosas bellas.

R. S.: ¿Sabes que eso ya lo decía el filósofo Epicteto, que nació esclavo?

I.: ¡Qué bueno! No lo sabía, no.

R. S.: ¿Cómo era tu vida en prisión?

I.: Estaba bastante ocupado, la verdad. Para empezar, hacía deporte, estudié la carrera de Antropología a distancia, trabajé siempre en diferentes tareas de la cárcel e hice música: ¡grabé dos discos!

R. S.: ¿Allí podías tocar algún instrumento?

I.: ¡Hasta tenía un estudio personal! Resulta que había un taller de música, pero el profesor se trasladó y lo cerraron. Yo me ofrecí para llevarlo y fue una pasada. Arreglé todo el sistema de sonido, reconstruí la batería y el bajo, conseguí que nos donasen más instrumentos y, ¡tachán!, me dejaban usarlo un par de horas para mis grabaciones. Trabajaba de siete a once de la mañana y después me iba corriendo al estudio, de once a una. Conmigo todos los funcionarios se portaron como hermanos. Fue una pasada.

R. S.: ¿Qué le dirías a la gente que tiene alguna enfermedad y lo está pasando mal?

I.: ¡Que no se recreen en eso! El problema está siempre en el pensamiento. Date cuenta de que todos vamos a morir pronto y se trata de ser feliz ahora ¡con lo que puedas hacer!, y ¡te juro que hay mil cosas para hacer! Es una cuestión de consciencia: yo desperté gracias a la cárcel y me di cuenta de esto. ¡Tuve suerte!

R. S.: Tú cuando estás ansioso, ¿qué haces?

I.: Toco la batería. Hago deporte. Eso va genial para el

estrés. Y se me pasa enseguida. Pero cuido mucho mi pensamiento para no presionarme ni quejarme.

R. S.: ¿Y cuando estás triste?

I.: Oooh: ¡compongo unos temas lindísimos! Por ejemplo, después de un desamor me salen unas canciones muy hermosas, muy profundas, por lo menos para mí.

R. S.: ¿Y luego se te pasa?

I.: ¡Por supuesto! Se pasa enseguida.

R. S.: Cuando las personas nos comemos mucho el coco por un mal emocional es porque tenemos la idea, la fantasía, de que va a durar para siempre.

I.: Ah, sí, sí. Todo pasa: lo presuntamente «bueno» y lo presuntamente «malo».

R. S.: ¿Sabes que eso lo dice el budismo? En un libro de la monja Pema Chödrön, *Cuando todo se derrumba*, lo explica con detalle.

I.: Sabes que yo no soy psicólogo, ni filósofo ni nada. Ahora mismo sólo soy camarero y músico a tiempo parcial.

R. S.: Por cierto, ¿cómo te va con tu trabajo?

I.: ¡Genial! Trabajo junto a la playa, y sólo ver los colores del mar me hace llorar de alegría. Además, tengo la oportunidad de conocer a gente maravillosa cada día. Ahora tengo que llevar a cabo este trabajo para cumplir con el Tercer Grado, pero luego espero volver a la música. Aunque es la primera vez que lo hago, no me importaría hacerlo toda la vida.

R. S.: Habrá gente difícil también allí...

I.: Vamos, Rafael: ¡sabes que todos somos fáciles y difíciles! En mi trabajo hay una encargada muy acelerada y tiene actitudes muy puñeteras. ¿Sabes qué necesita esa chica?

R. S.: ¿...?

I.: ¡Amor! ¡Yo la abrazo varias veces todos los días! ¿Qué

pasa? ¿Es que ella no se merece ser amada? Yo también cometo errores. ¡Fíjate que yo pasé dinero —y droga, aunque no lo supiese— por una frontera! ¡Era un inconsciente! Vamos: se trata de ir sanando y hacer cosas hermosas.

R. S.: Nosotros los psicólogos vemos muchas veces una enfermedad que llamamos «depresión por abandono», cuando te deja tu pareja... ¿Tú qué le dirías a quien se siente así en esos momentos?

I.: Mira, yo me he demostrado a mí mismo que puedo ser feliz sin pareja. En los tres años que he estado en prisión no tenía pareja y he sido muy feliz. A veces, cuando acabo de conocer a alguien le digo que he estado en un monasterio de retiro espiritual. Para que no se asuste de primeras. Y, en realidad, ha sido algo así. Los monjes no tienen pareja ni relaciones sexuales y están perfectamente.

R. S.: ¡Justamente eso es lo que les digo yo a esas personas! Les pongo el ejemplo de los monjes y las monjas...

I.: ¡Qué bueno! Es que todo está en la cabeza. Ahí está, Rafael.

R. S.: Por cierto, Iván, ¿tú corriges tus pensamientos? ¿Cuidas tu diálogo interno?

I.: Por supuesto. He aprendido a hacerlo. Muchas veces te entra una idea negativa como: «Mi jefa es insoportable». Y entonces me digo: «No. Eso no es verdad. Tengo que comprender que no todos somos iguales. Ella tiene un defecto pero yo tengo otros. Además, si ella es así es porque no ha aprendido a hacerlo mejor. Además, eso no es tan grave. Hay millones de cosas peores, como que te caigan bombas en tu barrio». Y enseguida vuelvo a estar bien.

R. S.: Muchas gracias, Iván, por tu tiempo y tu ejemplo.

I.: Gracias a ti. La verdad es que nunca he estado tan contento conmigo mismo. Creo que nunca había sentido el placer de ser quien soy: aceptando cosas, cambiando otras y mejorando, creciendo. Y es algo que todos podemos hacer. Todo está en la cabeza, Rafael. Ahí está la clave.

En este capítulo hemos aprendido que:

- El ejercicio «sentirse poderoso en la carencia» consiste en quitarse comodidades y sentir así una gran sensación de dominio.
- Tolerar la frustración es muy fácil cuando necesitamos muy poco para estar bien.
- Cuanto más amor hacia la vida tengamos, más libres nos sentiremos de la dictadura de la comodidad.

9

Ver siempre la pérdida como oportunidad

Un hombre caminaba por la playa cavilando: «Si tuviera un coche nuevo, sería feliz».

Al rato se detuvo mirando el horizonte y se dijo: «Si tuviera una casa grande, me sentiría feliz».

Luego se sentó en la arena y pensó: «Si tuviera un buen trabajo, por fin estaría feliz».

Justo entonces vio a su lado una bolsita llena de piedras y empezó a tirarlas una por una al mar cada vez que decía:

—Si tuviera esto o lo otro, sería feliz...

Así lo hizo hasta que solamente quedó una piedra, la cual guardó. Al llegar a casa se dio cuenta de que aquella piedrecita era un diamante de enorme valor.

—¡Maldición! ¡Si no hubiera lanzado ninguna piedra, sí sería feliz!

Este cuento nos explica que en todo momento existen inagotables fuentes de gratificación. Si sabemos apreciarlas, nunca pensaremos que nos falta algo. La plenitud radica en darse cuenta de que ya lo tenemos todo. Sin embargo, con la mente del mono loco, imposible de satisfacer, ninguna riqueza es suficiente para estar bien.

Hace un tiempo tuve una experiencia clave en mi propio traba-jo de crecimiento personal. Mi pareja, de la que estaba enamo-rado, me dejó de la noche a la mañana. Un día estaba colgada de mí y al siguiente giró toda su atracción hacia otro. Aquello que en Italia llaman «cambiar de caballo en marcha».

Como a muchas personas les ha sucedido, me quedé he-cho polvo. Me sobrevino una gran neurosis de abandono. Notaba un vacío enorme y tenía una ansiedad constante que se materializaba en un agudo dolor en el pecho.

Todos los días pensaba en ella. Unas cien veces; no es broma. Y cada uno de esos pensamientos me torturaba como un punzón en el corazón.

Y, cómo no, me sobrevino el síndrome del «¿por qué?». Me preguntaba una y otra vez la razón de su crueldad: «Si estábamos tan bien, si me había prometido amor eterno... ¿qué clase de locura la ha llevado a esto?».

No tenía hambre, dormía fatal y todos mis objetivos pre-sentes y futuros dejaron de tener sentido. ¡La vida entera no valía nada sin ella!

Recuerdo que uno de esos días de sufrimiento quedé con mi amigo Kiko, un veterano practicante de meditación budis-ta. Frente a una cerveza, con el aspecto más mustio posible, le conté los hechos. Kiko, siempre bronceado y alegre, me espetó:

—¡Hombre! ¡Cuánto me alegro!

De Kiko no me esperaba un diálogo normal, pero aquello era demasiado.

—Tienes que llamarla para darle las gracias —prosiguió.

—Joder, ¿qué estás diciendo? Si me ha dejado fatal.

—Todavía mejor para ti —añadió con su sonrisa puesta—. ¿No te das cuenta de que tienes una oportunidad increíble de transformarte?

Terminamos las cervezas y me fui a casa tan mal como siempre. Pero al cabo de unos días, ¡milagros de la ciencia cognitiva!, comprendí las palabras de Kiko. Es cierto, me había sobrevenido una adversidad, pero podía emplearla para convertirme en una persona mucho más fuerte. ¡Si abría mi mente, podía utilizar aquello para ser mucho más feliz!

Pastilla roja o azul

Hace tiempo que, en mi consulta, a la gente que llega lamentándose de una pérdida le propongo un ejercicio inspirado en la película *Matrix*.

En ese film, Morfeo le da a escoger a Neo entre una píldora roja y una azul. Si escoge la roja su vida seguirá como de costumbre: será un hombre normal, dedicado a su trabajo habitual y con la vida de toda persona corriente. Pero si escoge la roja verá la realidad de una forma radicalmente diferente y adquirirá poderes sobrenaturales.

Yo les suelo decir a los pacientes:

—Imagina que te diese a escoger entre dos sobres. El de la derecha contiene «recuperar a tu pareja» y el de la izquierda «la felicidad plena», que consiste en vivir cada ámbito de tu vida de una manera extática. Pero sólo puedes escoger uno.

Todos los pacientes responden:

—¡Escogería el sobre de la izquierda: «la felicidad plena»!

Pues ésa es la realidad de la vida. La plena madurez emocional exige saber renunciar a todo —cuando toca—, dándose cuenta de que podemos ser inmensamente felices sin eso que hemos perdido. Ésa es la clave.

Es precisamente cuando nos apegamos a un determinado bien cuando nos hacemos neuróticos y débiles. ¡Ésa es la trampa de la infelicidad!

Por eso, cuando Kiko me dijo: «Tienes que llamarla para darle las gracias», tenía toda la razón. Tenía una oportunidad de oro para convertirme en alguien más feliz. Si prescindía de mi exnovia, alcanzaría un nivel de fuerza emocional superior.

FELIZ DÍA DEL ACCIDENTE

En uno de mis anteriores libros describí a una persona especial. Un italiano de mi misma edad que, a los dieciocho años, perdió la movilidad de las piernas en un accidente de esquí.

Le hacían una entrevista con motivo de una invención: una especie de silla de ruedas vertical —tipo Segway— para que los parapléjicos pudieran desplazarse en posición casi erguida.

Pero lo interesante era que Paolo afirmaba ser el tipo más feliz del mundo y, según él, gracias a aquella adversidad. Incluso decía: «Si pudiera cambiar algo de mi vida, no escogería el día del accidente».

Con el corazón en la mano, confesaba que la parálisis le había convertido en una persona más plena y que el aprendizaje de la inmovilidad era el principal activo en su vida.

Paolo había comprendido —de manera profunda— que la plenitud está en nuestra cabeza: no en poder caminar o estar sano o tener novia o amigos. ¡El bienestar mental no está en nada externo!

El accidente le había confirmado este hecho mágico y ahora podía ser tan feliz como quisiera porque sólo dependía de él.

Días después de mi conversación con Kiko, en medio de la montaña, reflexionando sobre mi situación comprendí las palabras de Kiko y las que más tarde leería en la entrevista de Paolo. La comprensión me iluminó como un rayo. Enseguida, como por arte de magia, se levantó de mi pecho la angustia; perdí completamente el miedo a no tener a mi exnovia a mi lado.

Me había ocurrido el mismo fenómeno mental que a Paolo Badano. Me daba cuenta de que si quería ser una persona especial tenía que desapegarme de mi ex y de todo lo que se me pusiera delante, tal como él había hecho con sus piernas. ¡Y no podía hacer excepciones!

No quedarse con nada

Como vimos en un capítulo anterior, la salud mental se basa en la «renuncia alegre». En realidad es fácil si comprendemos el fenómeno de los sobres: ¡en el de la izquierda siempre está la felicidad a lo grande!

Pero, para nuestra desgracia, con frecuencia nos resistimos a renunciar. Hasta niveles exagerados. En ese sentido, hay una voluntad subyacente a mantenerse mal, aunque esa actitud nos esté destrozando.

En el caso del abandonado está muy claro. La persona no

quiere dejar ir al amado. Y precisamente ése es el último paso de su duelo. Hasta que no lo haga, no se recuperará.

Pero su fantasía le juega una mala pasada, una y otra vez, y le convence de una absurda idea: «Cuando estemos juntos por fin seré feliz».

Con las anoréxicas sucede lo mismo. Son chicas difíciles de tratar porque se aferran a la belleza a pesar de que esa quimera las está volviendo locas.

En esos momentos yo les suelo decir algo que se ha revelado clave en mi trabajo: «No nos podemos quedar con nada». Si queremos ser felices, e incluso seres excepcionales, no podemos quedarnos con nada en la mochila: hay que ser capaz de renunciar a todo.

JESUCRISTO, EL MÁS EXIGENTE

Cuentan que Jesús y sus apóstoles se hallaban de gira por los pueblos del Sinaí propagando la Buena Nueva. Se trataba de su momento de mayor éxito y eran acogidos con entusiasmo en todas partes.

En uno de esos lugares, tras una arrolladora prédica de Jesús, un joven emocionado se le acercó:

—He estado siguiéndoos toda la semana. Me encantáis. Puedo unirme a vosotros. Es lo que más deseo en el mundo.

Cristo respondió sonriendo:

—¡Claro! Todos son bienvenidos. Pero, escucha, ¿tú no eres el hijo del alcalde, el hombre más acaudalado del pueblo?

—Sí. Mi padre es el dueño de casi todas las tierras que hay por aquí —explicó el joven.

—Y tú también eres rico, ¿verdad? —siguió Jesús.

—Sí.

—Pues antes que nada tienes que vender todo lo tuyo y dárselo a los pobres. Entonces podrás unirte a nosotros —detalló el hijo de Dios.

El chico se quedó frío. Y tras unos segundos de frenético trabajo mental dijo:

—Bueno, ya si eso... lo miro y os digo algo.

Cuenta la historia que ya no le vieron más el pelo.

Frecuentemente les explico este cuento a mis pacientes. Y añado:

—Fíjate que Jesús pedía renunciar a todo. Y no lo decía en broma. Sin embargo, la psicología cognitiva sólo te pide renunciar a lo que la vida ya te obliga a hacerlo. ¡Es mucho más fácil! Se trata de cosas ya perdidas.

En el caso del abandonado, les pedimos que renuncien a su amado. No debería ser tan difícil si tenemos en cuenta que éste ya se ha ido.

Con respecto a las anoréxicas, tienen que renunciar a la belleza/delgadez como fuente de plenitud.

De hecho, todos tenemos que renunciar a cualquier contingencia que nos pueda surgir en el futuro.

Si queremos ser realmente fuertes y felices, ¡no podemos negarnos a renunciar: no podemos quedarnos con nada!

SABERSE MÁS GRANDE

A lo largo de la vida todos experimentaremos momentos en los que alguien nos arañe. Como los niños que juegan al pilla-pilla, que se empujan y se hacen rasguños.

En nuestro despiste emocional es posible que a todas esas niñerías las denominemos «traición», o «humillación» o «golpe tremendo». Es decir, las exageramos hasta el punto de crearnos a nosotros mismos un trauma. Algo totalmente alejado de la realidad y que no sirve a ningún propósito constructivo.

Cuando nos dejan solemos ver esos «arañazos» sin importancia como «puñaladas» mortales.

Si pudiésemos estar en una nave espacial, como hacen los cosmonautas, mirando la armoniosa Tierra en la distancia, esos neuróticos pensamientos se desharían por sí solos, como brumas en el cielo.

La «traición», la «puñalada», la «vejación»... están sólo en nuestra mente neurótica. En la bella inmensidad de la realidad, esas expresiones melodramáticas simplemente no tienen sentido.

Todas esas supuestas heridas son invenciones. Por muchas razones. La primera y fundamental es porque en el seno de la abundancia de la vida —de nuestras grandísimas oportunidades de disfrutar— cualquier empujoncito que nos propinen nuestros compañeros de juegos es una nimiedad.

Mariola se quejaba igualmente de un abandono. Su pareja había decidido, también de la noche a la mañana, dejarla para empezar a salir con una compañera de trabajo diez años más joven. ¿Cómo podía hacer eso, cuando la semana anterior habían hecho el amor apasionadamente?; ¿cuando él le había dicho —sí, esa misma semana anterior— que no podía imaginarse la vida sin ella?

Mariola había estado a su lado en muchos momentos difíciles, como en el duelo por la muerte de su padre. O cuando lo despidieron y estuvo viviendo de ella durante un año.

¡No podía creerse lo que estaba sucediendo! ¡No reconocía a aquel hombre! Seguramente, ya estaba con esa cría hacía tiempo.

¡La persona que más quería en el mundo la había traicionado! ¡La había utilizado y despreciado!

En una de nuestras conversaciones me dijo:

—No podré volver a tener otra relación. No puedo arriesgarme a pasar por lo mismo otra vez.

Costaba mucho ayudarla. Semana tras semana volvía igual de deprimida. Pero, en un momento dado, hubo un concepto que le permitió salir de golpe de la tristeza. Es una idea que podríamos denominar «saberse más grande».

Y consiste en comprender que las heriditas de la vida no son nada en comparación con nuestra capacidad de amar la vida, de exprimir su milagrosa belleza.

Es cierto que el novio de Mariola le había proporcionado muchos buenos momentos y que la proyección de un hermoso futuro juntos era ilusionante. Pero si Mariola se abría a la belleza de la vida —¡a lo grande!— todo eso se quedaría enano. La gran apreciación de nuestro entorno produce tal chorro de dopamina y serotonina que cualquier adversidad se queda en nada.

Existen rasguños de todo tipo. Muchas veces me han relatado el causado por un padre que tuvo un comportamiento lascivo con su hija. La paciente —muchas veces— llora y atribuye sus dificultades sexuales a ello. Pero también he conocido a muchas mujeres que vivieron una experiencia así y tienen una sexualidad genial.

¡Todo son rasguños! ¡No nos quedemos con nada! Epicteto, el filósofo que nació esclavo, lo veía así. El cosmonauta, desde el espacio, también.

CRISIS PARA CRECER

En el mundo de las religiones se dice que las crisis son fértiles para la espiritualidad. Cuando la vida te revuelca en una gran ola oscura, hasta las mentes más cerradas pueden ser iluminadas.

Quizá cuando Saúl se cayó del caballo, camino de Damasco, y oyó la voz atronadora de Dios: «¿Por qué me persigues?», vivió en realidad el fenómeno del que hablamos. Seguramente, esa historia es una metáfora de la típica debacle personal.

Recuerdo que siendo un joven universitario, un amigo llamado Juan Carlos recibió uno de esos golpe de la vida. Su mujer le había dejado tras dos años de matrimonio.

La vida se le vino abajo. Juan Carlos era muy familiar y, de la noche a la mañana, se vio fuera de su casa, en una ciudad que no era la suya, terriblemente solo.

Juan Carlos solía ser la alegría de la huerta y ahora estaba desconocido, profundamente deprimido.

Los amigos le animábamos a salir. Y en una cena, mi amiga Cristina y yo le hablamos sobre religión, un tema que, por entonces, vivíamos con mucha intensidad.

Le hablamos del amor universal, de entregarse a una vida abierta a la magia, la posibilidad de vivir hermanados con todos y con todo.

En ese momento a Juan Carlos —el ateo, el ejecutivo resolutivo, el hombre hiperracional— se le cayó la venda de los ojos: el mensaje espiritual le caló por primera vez en su vida. Hundido en las profundidades de su malestar, vio la luz. Y, por primera vez en meses, pudo irse a dormir plácidamente.

Cuando las personas estamos mal tenemos una oportunidad de oro de crecer porque estamos mucho más abiertos al aprendizaje. Se abre una brecha, como en la cabeza de Saúl, por donde puede entrar una nueva dimensión de armonía interior.

Cuando estés agobiado, triste, dolorido, quizá hundido —con o sin razón—, mira a tu alrededor, por favor. Y piensa que las hermosas hojas de los árboles te están hablando, el cielo azul brilla para ti, las líneas simétricas de los edificios elegantes están conectados contigo. Están intentando demostrarte que todo es «amor». Que tú formas parte de ello y eres tan grande y armónico que nada de lo que te preocupa es digno de mención. Ábrete a ello.

Esos días —en los que te encuentres sacudido— serán un regalo para ti. Porque son autopistas hacia el crecimiento. Acepta el reto y ponte a trabajar en tu racionalidad, despójate de tus apegos, renuncia y sé feliz.

El trabajo de crecimiento personal es, a veces, fulgurante como el rayo que le cayó a Saúl, pero en general necesita varias sesiones de trabajo intenso que, acumuladas, dan su precioso fruto.

Plantéate un trabajo a varios días o varias semanas. Haz que el día de hoy, aunque funesto, pueda convertirse en el principio de una gran transformación. Memoriza cuándo empezó todo: celebra el día de hoy. Dentro de poco dirás: «En tal fecha dio inicio mi increíble revolución interior».

CONSTRUIR DESDE ABAJO

La queja es el gran enemigo de la felicidad. Es insidiosa y mentirosa. La queja nos dice que siempre nos falta algo para estar bien, cuando la realidad es que nadamos en la abundancia. Ninguna, absolutamente ninguna queja es real: ¿pareja?, ¿salud completa?, ¿otro trabajo? ¡Venga ya!

Para entender el hecho de que ya podemos ser muy felices tal como estamos, nos puede ayudar el concepto de «construir desde abajo».

Muchas veces nos invade la queja de que nos falta una pareja que nos ame o más amigos... ¡o vivir en Nueva York! ¡O en Formentera!

Para combatir esa ilusión podemos decirnos lo siguiente: «Sea eso verdad o no (que no lo es), tengo que construir desde abajo».

Dicho de otra forma: «La mejor manera de conseguir pareja, muchos amigos o vivir en Nueva York... es ser capaz de ser muy feliz ahora, esté donde esté».

O: «Ahora mismo, a través de ser capaz de ser feliz con lo que tengo, estoy construyendo el mejor futuro posible».

La razón fundamental de esta afirmación es que para conseguir objetivos es mejor estar feliz, radiante, lleno de energía limpia y desbordante. Cuando nos sentimos en plenitud, todo resulta fantásticamente fácil.

Y no sólo eso: además acuden a nuestra vida beneficios

insospechados, regalos inesperados, ¡no imaginados! Es lo que las religiones llaman «providencia».

Luego hablaremos un poco de este increíble fenómeno, pero ahora sigamos un poquito más con el concepto de «construir desde abajo».

¿Desearías tener novia? ¡Será pan comido en cuanto sepas ser feliz soltero!

Realmente se trata de un concepto paradójico, pero es que la naturaleza y la ciencia están llenas de fenómenos paradójicos.

Dicho de otra forma: «¡Aprendamos a ser felices sin nada, adquiramos fuerza emocional... y, después, todo vendrá por añadidura!».

LA QUINTA MARCHA DEL CRECIMIENTO PERSONAL

Al útil concepto de «construir desde abajo» se halla asociado otro que podríamos llamar «avanzar a través de todos los terrenos».

Esto es, nos haremos más fuertes demostrándonos que podemos estar genial en situaciones que, hasta ahora, nos neurotizaban.

Por ejemplo, estar superbien todo un fin de semana sin ver a nadie o estar genial saliendo una noche sin beber nada de alcohol. ¡Incluso con dolor, ansiedad, nervios o lo que nos echen!

El ejercicio de «avanzar a través de todos los terrenos» es el mejor método para darle velocidad a la construcción de una vida mejor. El siguiente esquema explica cómo esta segunda maniobra es una evolución de la primera:

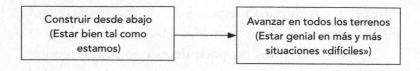

Si nos demostramos a nosotros mismos que podemos disfrutar de la vida en todas y cada una de las situaciones, ¡seremos plenamente libres! Y, sobre todo, libres para crear un mundo personal todavía mejor. Básicamente, por dos razones:

a) Porque estaremos llenos de energía.
b) Porque no le tendremos miedo a nada.

La seguridad de estar en un mundo fácil nos hará sentir fuertes como Spiderman, con muchas ganas de explorar, emprender y salir a conquistar el mundo.

Y, por otro lado, le estaremos transmitiendo a nuestra mente que «en esta vida no hay nada que temer», «no hay situación que nos incomode». Y más que decírnoslo: ¡nos lo estaremos demostrando!

Para terminar este capítulo sobre la pérdida me gustaría hacer referencia a un artículo que leí en el periódico británico *Daily Record*, que me envió, por cierto, uno de mis pacientes más queridos.

Habían entrevistado a una mujer de treinta y un años llamada Fiona Munro que tenía un cáncer de ovarios muy agresivo. Sabía que le quedaba poco tiempo de vida, un año a lo sumo. Pero su actitud era increíblemente vital.

Fi decía: «Si tuviese la oportunidad de cambiar mi cáncer por mi vida anterior, lo rechazaría».

Como Paolo Badano, esa mujer apreciaba su adversidad. Se daba cuenta de que le había dado algo muy importante.

«El cáncer me ha enseñado que la importancia de la existencia no estriba en vivir mucho o poco, sino en tener una gran vida», decía.

El periódico ofrecía una fotografía de Fi sentada en la posición del loto, sosegada y sonriente.

Y añadía: «Antes de la enfermedad yo malgastaba mi vida. Ahora vivo de una forma muchísimo más intensa y hermosa. Si no fuese por el cáncer nunca habría descubierto esta manera de vivir».

Fiona se había casado hacía un año y planeaba tener hijos en breve, pero en la entrevista insistía en que el cáncer valía la pena: «Esta enfermedad ha sido, en realidad, un regalo, aunque el precio sea "tiempo de vida". Pero lo acepto contenta».

Fi nos ofrece un ejemplo radical, pero quizá por eso más válido aún, de que podemos renunciar a todo. La felicidad radica en un cambio total de chip y, para accionarlo, la vida nos ofrece muchas oportunidades. Me lo dijo Kiko y ahora te lo digo yo. ¿Abrirás tu mente hoy o lo vas a demorar?

En este capítulo hemos aprendido que:

- Las pérdidas son oportunidades de mejora ya que nos pueden hacer más libres.
- Si aceptamos el reto de aprender, la pérdida no será un problema sino una bendición.
- Si no la aceptamos, la pérdida se convertirá en algo estúpidamente difícil.
- «Saberse más grande» consiste en darse cuenta de que las adversidades son nimiedades en comparación con nuestra gran capacidad de amar la vida.
- «Construir desde abajo» es un concepto que nos ayudará a aceptar la carencia sin problemas.
- «Avanzar a través de todos los terrenos» consiste en demostramos que podemos disfrutar en todas las situaciones imaginables.

10

Ser atrayente para los demás

Una mañana un leñador se dispuso a cortar leña para el fuego. Fue a buscar su hacha, pero no estaba en su sitio. Buscó en todos los rincones, pero no aparecía. Cuanto más buscaba, más nervioso se ponía.

Entonces, por el rabillo del ojo vio al hijo de su vecino apoyado en un árbol junto al bosque. El leñador lo observó y pensó: «Míralo ahí sin hacer nada, con las manos en los bolsillos y ese aire de suficiencia. ¡Tiene toda la pinta de haber sido él! No puedo probarlo, pero seguro que es el culpable».

El leñador se prometió a sí mismo vengarse por el robo.

Al día siguiente, cuando alzaba un leño para meterlo en el fuego, encontró el hacha perdida. Se había quedado oculta entre la leña de la casa. «Ahora me acuerdo, ¡la dejé aquí antes de ayer!», se dijo.

A los pocos días vio al hijo del vecino y se quedó observándolo otra vez. Le miró de los pies a la cabeza. «Qué extraño», pensó. «De alguna forma ha perdido la cara de culpable.»

Este cuento pone de relieve una de las claves del carisma: saber encontrarle el valor a todo el mundo. Nuestra actitud es la que permite que los demás brillen y ¡nosotros también!

LAS TRES CLAVES DEL CARISMA

Existen personas dotadas de extraordinario carisma. Resultan tan agradables que todo el mundo quiere estar con ellas. Se relacionan con soltura y hacen fáciles todas las interacciones. Sacan lo mejor de los demás, de forma natural.

Dicen que Tom Cruise, el actor, es una de esas personas. Tiene algo especial que hace que te sientas muy cómodo desde el minuto uno. Te trata, desde el inicio, como si fueses su mejor amigo.

Eduard Punset también tiene esa personalidad. Junto a él, te invade una inusual sensación de cercanía y comodidad.

Da la impresión de que los individuos carismáticos nacen así: ¡tienen don de gentes desde la cuna! Es posible, pero sé que es algo que también se puede aprender. De hecho, he conocido a muchas personas que se labraron ellas solas esa cualidad. En plena adolescencia decidieron adquirir facilidad de trato y, a base de ensayo y error, lograron ser atrayentes y afables.

Por otro lado, a lo largo de mi carrera he visto a muchos pacientes que necesitaban adquirir habilidades sociales con urgencia porque eran extremadamente tímidos. Aplicar las tres claves que veremos aquí les facilitó el cambio.

Recuerdo ahora mismo el caso de Laura. Pasó de no hablar prácticamente nunca en situaciones sociales a ser una «cotorra», divertida y amable.

Para conseguir esa transformación tendremos que recordar tres principios, en todas y cada una de nuestras interacciones. Lo mejor es memorizarlos en tres expresiones cortas para tenerlos siempre a mano:

1. Amar.
2. Acompañar.
3. Expresar virtud.

El primer punto, «amar», hace referencia a «capturar la esencia hermosa de las personas». Se trata de la actitud más importante de las tres.

«Amar» nos enseña a confiar en la esencia bondadosa de todo el mundo, de tal manera que veamos a los demás como posibles grandes amigos, como potenciales íntimos compañeros. Veámoslo:

1. «Amar» o capturar la esencia de la gente

Hoy en día vivimos muy aislados. Nos cuesta confiar en los demás. La absurda vida capitalista nos ha separado a los unos de los otros, y ése es el principal impedimento para el carisma.

Pero «capturar la esencia bondadosa de la gente» es la herramienta perfecta para volver a conectarnos. Para ser «humanos» otra vez.

Se trata de dirigirse a todas las personas con amor, desde el primer momento en que las conocemos. ¿Por qué no? Todos somos hijos de la Naturaleza, programados para querer a nuestros congéneres.

Es cierto que muchas veces las personas nos mostramos esquivas, pero se trata de reacciones anormales, no naturales, fruto de un adoctrinamiento absurdo que viene de hace siglos. Pero debajo de esa desconfianza contemporánea sigue habitando ese niño que sólo desea amar y ser amado.

La historia de esa pérdida de confianza tiene que ver, como siempre, con el dinero. Veámoslo.

El primer individuo capitalista inventó la familia como estamento para mantener su fortuna. Ese primer hombre rico no quería perderlo todo tras su muerte. La única solución era dejárselo en herencia a lo más parecido a él mismo: sus hijos. Para ello, tenía que asegurarse una mujer fiel que le diese niños suyos y sólo suyos.

Así se fundó la unión marital estable y la primera estirpe familiar. Como veremos, un manera de vivir aislacionista y defensiva.

Pero el ser humano no vive así de forma natural. Nosotros preferimos vivir en grupo y compartirlo todo. Somos animales con una inmensa capacidad de interactuar amorosamente. Y en esas relaciones estrechas entre amigos es donde hallamos el máximo placer y la mayor realización. Estamos hechos para ello.

En la actualidad, lo más parecido a ese amor lo vivimos cuando vamos de vacaciones con un grupo de amigos y se establecen hermosas interacciones grupales. Vivimos veinticuatro horas con nuestros compañeros y llevamos a cabo una actividad con sentido: la exploración y la diversión.

La vida más razonable sería ésa, tener infinidad de relaciones de amistad profunda y amorosa para llevar a cabo actividades con sentido:

- Divertirse.
- Gozar de la naturaleza.
- Compartir con los demás.
- Promover ideas y realizaciones constructivas y hermosas.

¡Y no acumular bienes para una estirpe codiciosa: ese grupito frecuentemente enfermizo llamado «familia»!

El ser humano está hecho para compartir alegría en grupos amplios y diversos. Lo sabemos porque, en esas situaciones, es donde alcanza mayor plenitud.

Ahora vivimos en familia, muy aislados. ¡Qué se le va a hacer! Pero el día que recuperemos la razón y volvamos a la tribu, compartiremos mucho más.

Mientras tanto, podemos reconectar con toda la tribu de seres humanos que hay ahí fuera, de vez en cuando. Al menos, cuando la vida nos los ponga delante. Ése es el llamamiento del verdadero carisma: «amar» o capturar la esencia bondadosa, amorosa y amigable de la gente.

El proyecto africano

Un día de éstos, cuando dé por terminada mi labor como psicólogo, partiré a algún lugar de África o de la India —un lugar cálido— e iniciaré un proyecto educativo con algunos amigos, los que se quieran apuntar. ¡Sí! Montaré una comuna, una agrupación de personas amorosas.

Fundaremos un orfanato y viviremos juntos en una hermosa casa, compartiendo nuestra vida en armonía y amor. Creo que eso es lo que se ajusta a la esencia humana: compartir con amor un proyecto con sentido.

Gandhi hizo algo parecido cuando tenía unos cuarenta años. Dejó su lucrativa ocupación como abogado en Sudáfrica para montar una *ashram*, una comunidad de personas que vivían en un lugar natural, de forma sencilla, cultivando sus propios alimentos.

Gandhi nunca dejaría de vivir así. Más tarde se trasladó a la India donde fundó otro *ashram*, donde vivían gentes de diferentes nacionalidades y religiones.

Yo también montaré un *ashram* y viviré de forma parecida.

Pero, mientras tanto, me gusta pensar que prácticamente TODO el mundo sería válido para acompañarme en mi proyecto africano. Creo que casi TODOS, una vez convencidos de esta forma natural de vivir, se apuntarían a ello.

Muchos tendrían que reaprender a ser más generosos, a confiar plenamente en los demás, a poner el amor por encima de la comodidad. Pero, una vez hecha esta labor pedagógica, estoy convencido de que casi TODO el mundo se apuntaría.

Todos somos candidatos al amor

Estoy seguro de que todas las personas son maravillosas en su interior. Todavía somos esos niños de cuatro años que únicamente desean ser felices y jugar con los demás. Sólo hay que dirigirse al interior de cada uno para mostrarle hermosas intenciones, expresarle que no hay nada que temer ni defender.

Todas las personas son candidatas a mi proyecto africano o a cualquier otro proyecto generoso que se nos pueda ocurrir.

Y cuando paseo por la calle imagino que aquél —o el otro— se uniría a mi causa y sería un maravilloso compañero de aventuras. Prácticamente TODO el mundo.

A algunos —en especial a los gruñones— habría que enseñarles a ser amorosos y pacíficos, pero sin duda lo conseguiríamos a base de paletadas de amor.

A este ejercicio lo llamo «capturar la esencia hermosa de las personas». Y tiene como objetivos:

a) Maravillarse de la hermosura de la gente.
b) Ganar conexión con los demás.

El carisma, la capacidad de relacionarse con los demás —de atraerlos, de divertirse con ellos—, procede de saber conectar con los otros de manera profunda y amorosa. De ver a todo el mundo como genial, bondadoso, perfecto candidato a nuestro particular proyecto africano.

Cuando tenemos esa idea en mente todos los seres humanos pasan a formar parte de nuestra familia, de nuestros amigos más íntimos, desde el minuto uno. Podemos abrazar a cualquiera y llevárnoslo a pasear. Nos sentimos parte de una gran tribu pacífica y amorosa.

Las personas más carismáticas tratan a todo el mundo como amigos. Se dirigen al corazón bondadoso de la gente: ¡directamente, desde el inicio! Quieren amar a todo el mundo. Hacer realidad esa vida comunitaria, de *ashram*, de la que hablábamos. Dirigirse a la esencia amorosa de su interlocutor y capturarla.

2. «Acompañar», no intentar rendir de alguna forma

El segundo principio para ganar carisma lo podemos llamar «objetivo: acompañar».

Las personas demasiado tímidas se bloquean porque se presionan a sí mismas para rendir: para ser interesantes o divertidas. De hecho, se suelen lamentar de que no tienen temas de que hablar. Se meten una absurda presión cuando, en realidad, las relaciones humanas son facilísimas, no exigen ningún esfuerzo.

Y es que la esencia de las relaciones no está en «rendir» divirtiendo o teniendo inteligentes conversaciones, sino simplemente en «acompañar» y «compartir», como lo hacían los integrantes del *ashram* de Gandhi o los de mi futuro orfanato africano.

Si hay un «trabajo» a realizar en las interacciones humanas consiste tan sólo en llegar a ese niño interior que todos escondemos. Nada más. Como hacemos con los pequeños cuando los acabamos de conocer: llegar a ellos mediante una broma que despierte sus ganas de jugar.

Si queremos dejar atrás la timidez y dar la bienvenida al carisma, el secreto es llevar a cabo, en cada una de nuestras interacciones, ese trabajo de conexión sagrada con los demás. Llegar al niño maravilloso que todos llevamos dentro.

Ser un gato

Efectivamente, las personas nos agobiamos porque buscamos «rendir»: ser inteligentes, divertidos, ocurrentes. Y eso nos bloquea porque, en realidad, las buenas relaciones humanas no se basan en «rendimiento», sino en compartir a un nivel amoroso. Si buscamos «rendir», la interacción no va a fluir.

Es algo parecido al sexo. Si buscamos tener una gran *performance*, seguramente no consigamos ni una erección, porque el sexo tiene que ser espontáneo, surgir desde el deseo genuino, lo cual es algo fácil y hasta inevitable, siempre y cuando no nos presionemos.

A mis pacientes con dificultades en las relaciones personales les suelo explicar que los mejores modelos de carisma son los gatos. Y les pido que, a partir de ahora, sigan «la estrategia del gato».

Los felinos son animales fascinantes. En mi familia siempre tuvimos alguno. Recuerdo perfectamente su apacible ronroneo, acostado sobre mi regazo, mientras veía la tele o leía un libro. Le acariciaba la cabeza y el muy bribón se estiraba para que le llegase hasta el pescuezo. Su respiración pausada y su ronroneo de placer me proporcionaban una inmensa compañía.

Las personas aman a sus gatos, pero fijémonos que ¡ninguno de ellos habla! No se ha conocido todavía a ningún gato que haya mantenido una conversación inteligente ni contado un simple chiste: ¡nada!

Y, sin embargo, son animales maravillosos que apreciamos precisamente por la dulce compañía que ofrecen.

Una vez más, el ejemplo de los gatos nos enseña que la base de las relaciones no tiene que ver con hablar, rendir, ser gracioso o lo que sea, sino en acompañar de forma armónica: tan sólo acompañar.

No hay nada más hermoso que poder estar con alguien sin necesidad de hablar.

Recuerdo que cuando vivía en casa de mis padres saber que estaban allí, sentados en el sofá o trabajando en la cocina, me hacía sentir bien. En un momento dado me levantaba para darle un beso a mi madre y ver qué estaba cocinando. Enseguida volvía a mis cosas, alegre como un gato. Saber que estaban allí, felices con sus tareas, me hacía también feliz a mí.

Por eso les digo a mis pacientes muchas veces: «Sé como un gato».

Esta estrategia implica poner tu dulce presencia por encima de lo demás. Implica dejar hablar al otro: que se exprese y sepa que nos tiene al otro lado. La estrategia del gato, paradójicamente, permite que fluya la comunicación y termine siendo la cosa más fácil del mundo.

3. Expresar virtud

Hasta el momento hemos visto dos movimientos para adquirir carisma, para aprender a tener interacciones bellas y fluidas:

a) «Amar» o capturar la esencia amorosa de la gente.
b) «Acompañar»: no intentar rendir de ninguna forma.

Y podemos añadir todavía uno más:

c) «Expresar virtud».

Como ya hemos dicho, las buenas interacciones humanas no se basan en el rendimiento. En realidad, no. Lo hemos visto en el caso del gato o de la familia que «flota» por la casa. Las buenas interacciones se basan en factores inefables como el amor y la compañía, y podemos añadir: «el tinte de determinada actitud».

Siempre que queramos, sin necesidad de hablar, podemos transmitirle al otro valores hermosos: respeto, armonía, tranquilidad, atención, apreciación, incluso elegancia.

Es algo que podemos hacer sólo con gestos y actitudes. Cuando estamos con alguien que transmite hermosos valores nos sentimos bien. Y otorgamos a esa persona gran importancia porque tiene la capacidad de mejorar nuestro estado de ánimo, de hacernos sentir personas mejores. Ésa es otra de las esencias del carisma.

Hace muchos años, tendría veintipocos, conocí a un compañero que coincidió conmigo en la prestación del Servicio Militar Sustitutorio (un año de servicio comunitario que se hacía en aquella época en España). Formábamos parte de un grupo de guardabosques en las colinas que rodean Barcelona.

Albert tenía el mayor carisma que había visto en mi vida. Tenía una manera de expresarse, unos ademanes y un interés genuino por el otro que le hacían especial. Te sentías tan a gusto con él que todos queríamos convertirnos en amigos suyos.

Y el secreto de su éxito estaba en que transmitía virtudes: respeto, armonía, elegancia, atención y apreciación del otro. De alguna forma, su actitud propagaba esas características y todos queríamos un poquito de todo eso.

Y es que las personas más carismáticas fluyen muy bien en las interacciones con los demás porque:

- Buscan «amar», capturar la parte amorosa de todo el mundo.
- No se presionan: saben que lo único esencial es «acompañar».
- Y ofrecen una actitud hermosa: «expresar virtud».

Si nos concentramos en estos tres puntos, las relaciones sociales serán siempre agradables y fáciles, y le caeremos genial a casi todo el mundo. Recordemos una vez más: simplemente «amar», «acompañar» y «expresar virtud».

En este capítulo hemos aprendido que:

- Todos podemos aprender a ser carismáticos.
- Las tres maniobras para lograrlo son; a) Amar, b) Acompañar, c) Expresar virtud.
- «Amar» es capturar la esencia bondadosa de la gente; dirigirse desde el inicio, con confianza, hacia el corazón maravilloso de todos.
- Para amar podemos imaginar que todos serían capaces de apuntarse a un proyecto común hermoso y generoso.
- «Acompañar» consiste en no querer rendir en las interacciones, sino tan sólo hacer dulce compañía.
- «Expresar virtud» es añadir a la interacción un componente de elegancia, amor o generosidad para contagiar esas sensaciones al otro.

11

Manejar a la gente difícil de forma ejemplar

Los discípulos de un rabino debatían sobre el auténtico sendero hacia Dios. Uno decía que se basaba en el esfuerzo y la perseverancia.

—Debes entregarte con tesón y disciplina. Rezar, estar atento, vivir con rectitud —afirmó.

Otro proponía otro camino:

—No se trata de esforzarse, sino de liberarse del ego. Para despertar, hay que relajarse y vivir las enseñanzas. No es cuestión de fuerza sino de comprensión.

Como no llegaban a un consenso, fueron a ver al maestro que escuchó al primer discípulo y su discurso sobre el esfuerzo. Cuando acabó, el joven preguntó:

—¿No es éste el auténtico camino?

—Claro, hijo mío —respondió el rabino.

El segundo estudiante, disgustado, expuso también su teoría. Según él, el secreto estaba en la alegría. Cuando acabó, inquirió:

—¿No es ése el camino verdadero?

—No hay duda de ello, querido —respondió el maestro.

Entonces un tercer estudiante alzó la voz:

—Pero, rabino, ¡los dos no pueden tener razón!

El maestro sonrió y dijo:
—*Eso también es cierto, amigo mío.*

Recordemos siempre el siguiente hecho ineludible: todos los seres humanos somos unos cafres y, al mismo tiempo, maravillosos. La profunda comprensión de esta verdad puede transformarnos y hacernos capaces de relacionarnos maravillosamente con los demás. ¡Incluso con las personas más difíciles! Todos somos capaces de bondad y de maldad, todos tenemos razón y erramos casi casi por igual.

El pueblo alemán es ahora uno de los más modernos, ecológicos y demócratas, pero no hace mucho era el paladín de la maldad, con su delirante ideología nazi. Que nadie se engañe: todos los países son susceptibles de locura colectiva.

Sin duda, somos lo que alimentamos: nuestra capacidad para la generosidad sin límite o nuestro ciego egoísmo. Por eso, las personas dependemos en gran medida de la influencia mutua para convertirnos en las mejores o las peores versiones de nosotros mismos.

Pero, de nuevo, que nadie se engañe: por mucho que evolucionemos, de vez en cuando erraremos. E incluso es muy natural entrar y salir de locuras transitorias.

El mismo papa Francisco, hace unos años, metió la pata predicando a favor de la violencia en lugar de la paz. Fue en un avión de vuelta a Roma tras los ataques terroristas a la revista *Charlie Hebdo*. Sorprendentemente, justificó de alguna manera el atentado. Dijo: «No se puede ofender a la fe de la gente. Si alguien insulta a mi madre, le doy un puñetazo. ¡Es normal!».

Su explicación contradice de raíz el mensaje evangélico y, además, es muy neurótica. Pero, por otro lado, no pasa nada. Por supuesto que el Papa, por muy sabio y dialogante que sea, es capaz de errar. Nadie se libra de eso. Pensar lo contrario es un fallo típico del ser humano.

En este capítulo vamos a aprender a relacionarnos fantásticamente bien con los demás cuando pierden el control, se conducen como locos neuróticos, están violentos, enfadados o no son nada razonables.

Se trata de seis técnicas que contribuirán a devolver la cordura hasta al más loco, o que al menos preservarán la nuestra en esos momentos de tempestad.

PROHIBIDO HABLAR

La primera estrategia para aprender a desactivar la irracionalidad del otro es la siguiente: «**En el momento de locura, prohibido razonar**».

Cuando tenemos un brote de irracionalidad estamos siendo neuróticos. Exageramos la realidad. En vez de ver la situación como un minúsculo inconveniente o un reto interesante, estamos persuadidos de que ¡es el fin del mundo, la guerra nuclear!

Es como si, en ese momento, pensásemos que estamos a bordo de un tren que, a toda velocidad, está a punto de descarrilar. «¡Hay que evitarlo como sea!», nos decimos. Pero todo ello es tan sólo una alucinación.

Si en ese momento de desatino alguien intenta razonar y nos dice la verdad:

—Oye, ¡pero si no hay nada! ¡No hay tren! ¡No hay precipicio! ¡Cálmate!

Sin duda, nos pondremos más histéricos aún:

—¡Pero qué estás diciendo! ¡Estás loco! ¡Dios mío, apártate de aquí y déjame hacer algo!

En esos momentos exageramos tanto la realidad que cualquier tipo de diálogo es estéril. Es como intentar abrir una cerradura con una llave demasiado grande. Podemos estar toda la tarde intentándolo y sólo lograremos rompernos la muñeca.

Cuando alguien está neurótico, lo esencial es dejar pasar el tiempo hasta que las cosas vuelvan a su cauce normal, a que la llave recupere su tamaño normal. Días después podremos intentar abrir la puerta con la llave adecuada, con una mirada racional sobre las cosas. Sólo entonces será posible razonar.

Por eso yo recomiendo a mis pacientes que nunca intenten aclarar un problema en el momento del enfado, de la crisis. Eso sólo empeoraría la situación. De ahí que la primera norma es saber esperar.

Uno de los ejemplos clásicos del «prohibido razonar» se da en los momentos de celos. Cuando un miembro de la pareja tiene un ataque, está claramente en uno de esos procesos de «locura» temporal. La conversación podría ir así:

—¡Respóndeme! ¿Dónde has estado después del trabajo? ¡Dime la verdad! —dice ella visiblemente alterada.

—¿Quieres que te lo diga? ¿En serio? —responde el marido.

—¡Sí! ¡Sé que no has estado en el trabajo hasta ahora! —insiste ella.

—¿De verdad quieres saberlo?

—¡Venga! Dímelo de una vez —dice ella.

—Pues he estado en todos los puticlubes de la ciudad. Ésa es la verdad. ¡Los he recorrido todos, y no sólo he estado con mujeres sino también con hombres!

Cuanto más insista la otra persona en razonar, más tonterías hemos de decir, dejando claro —sin palabras— que no vamos a debatir.

Porque también es importante no discutir sobre «no discutir»; esto es, evitar decir abiertamente que no queremos razonar en ese momento. Y la única forma de hacerlo es emplear el surrealismo: hacerse el loco, emplear el humor sin sentido.

Si caemos en el error de decir: «Hoy no podemos hablar de esto, cariño, porque estás alterada...», ya estamos abriendo la puerta a la discusión.

Mi hermano Gonzalo es muy bueno a la hora de manejar la «prohibición de hablar» cuando los demás estamos neuróticos.

En mi familia, en general, somos muy tolerantes con las decisiones de los demás. Por ejemplo, cuando organizamos una comida nunca presionamos a nadie para que asista. Ni siquiera preguntamos la causa de una ausencia.

No creemos en las obligaciones. Cada uno hace lo que cree y aceptamos automáticamente cada postura, por diferente que sea. Pero alguna vez, claro está, caemos en exigir algo a alguien. Por ejemplo:

—Oye, Gonzalo, vente a pasar el fin de semana al pueblo. ¡Vamos a ir todos! —le puedo decir yo.

—No. Id vosotros —puede replicar.

—Pero, hombre, si lo pasaremos genial. Iremos de excursión y será la bomba —insisto yo.

Pero mi hermano, en cuanto nota mi insistencia —es decir, mi neurosis—, activa el principio de «prohibido hablar» surrealista:

—¡Qué dices! ¡Estás loco! ¡Cómo vamos a ir allá! ¡Estás loco! —Y se ríe como si yo acabase de plantear el disparate más grande del mundo.

En ese momento ya sé que no le voy a sacar de ahí. Se reirá, me repetirá que soy un lunático y me retorcerá el brazo haciendo bromas en bucle. Su maniobra me dice, de manera aplastante, que no hay más que hablar.

Así conseguimos que nadie se enfade. Las discusiones nunca prosperan. Y ambos nos reímos sacudiendo la cabeza y cambiando de tema.

LAS CINCO HERRAMIENTAS

Tras tener claro que cuando la neurosis arrecia no debemos discutir el problema, podemos aplicar las otras cinco herramientas contra la locura ajena.

Se trata de:

- El humor.
- El amor.
- El surrealismo.
- Decirle que sí como a los locos.
- Dejarle solo.

Las tres primeras normas las describí con gran lujo de detalles en mi primer libro: *El arte de NO amargarse la vida*. El humor, el amor y el surrealismo tienen como objetivo sacar al otro del marco terribilizador.

Un buen ejemplo del empleo de las tres primeras herramientas es el que hemos planteado antes en el ataque de celos. En ese caso, la mujer insistía en saber qué había hecho él después del trabajo:

—¡Respóndeme! ¿Dónde has estado? ¡Dime la verdad! —dice ella visiblemente alterada.

—¿Quieres que te lo diga? ¿En serio? —responde el marido.

—¡Sí! ¡Sé que no has estado en el trabajo hasta ahora! —insiste ella.

—¿De verdad quieres saberlo?

—¡Venga! Dímelo de una vez —dice ella.

—Pues he estado en todos los puticlubes de la ciudad. Ésa es la verdad. ¡Los he recorrido todos, y no sólo he estado con mujeres sino también con hombres!

Esta respuesta emplea el humor y el surrealismo. Es rompedora y el marido está comunicando a su esposa que no va a hablar del tema porque, en realidad, toda la discusión carece de sentido.

Pero, en un momento dado, podemos añadir el componente del «amor», verdadero bálsamo para la locura.

—Pero, cariño, si tú eres la persona que más quiero en el mundo... Sólo tengo ojos para ti.

Y dicho esto, la besamos, la cogemos por la cintura y le expresamos todo nuestro cariño.

La mayoría de las veces la persona reacciona desarmándose. De repente, se deshace todo el delirio urgente y dramático.

De todas formas, seguirá estando prohibido hablar del tema. Intentaremos resolverlo en otro momento, sin exigencias por ninguna parte, de forma creativa e inteligente.

EL LOCO SIEMPRE TIENE LA RAZÓN

Pese a las maravillosas propiedades curativas del amor, el humor y el surrealismo, no siempre conseguiremos apaciguar al otro. Así de fuerte es, a veces, la neurosis.

En esos casos nos resta emplear las dos últimas herramientas:

1. Decirle que sí como a los locos.
2. Dejarle solo.

Estas dos últimas herramientas son soluciones temporales. Tendremos que ocuparnos del asunto días después, aplicando soluciones imaginativas y divertidas. Pero recordemos que, en el momento de la neurosis, cualquier debate sólo empeoraría la situación.

La herramienta «decirle que sí como a los locos» es muy útil frente a los jefes. Habrá que aplicarla siempre que estén alterados.

En ese momento el jefe necesita un reconocimiento de la presunta gravedad del asunto, sentir que tiene a alguien a su lado.

No pasa nada por concederle la razón. No se trata de rebajarse ni nada por estilo, sino de reconocer que todos nos volvemos locos de vez en cuando poniéndonos intratables.

Recuerdo que, cuando era niño y vivía en el barrio obrero de Horta, en Barcelona, había un chico de unos veinticinco años de edad que rondaba siempre por las calles.

Vivía en un hospital psiquiátrico cercano y le dejaban salir durante las mañanas. Era un buen chico y la gente le tenía cariño.

Solían darle trabajillos como llevar cajas de aquí para allá. Pero muchos días se desataba su hiperactividad y le podías ver descamisado, hablando en voz alta, inmerso en algún plan sin sentido. En esos momentos reunía cachivaches, iba deprisa de un lado a otro y no se podía razonar con él.

Recuerdo que, entonces, los vecinos le trataban estupendamente, como auténticos profesionales de la salud mental.

Cuando estaba en crisis, con alguna de sus ideas delirantes, le decían:

—Ricardo, sí, claro. Resuelve eso que te preocupa, pero luego tómate un refresco. Coge este billete y te lo tomas a mi salud.

Es decir, le seguían la corriente con cariño, a sabiendas de que en esos momentos era estéril llevarle la contraria.

Todos nos volvemos locos de vez en cuando y lo que nos conviene es que nos apacigüen. No tiene nada de vergonzoso reconocer ese hecho y darle la razón temporalmente a alguien.

CURA DE SOLEDAD

Finalmente, la última opción de nuestro juego de herramientas será «dejarle solo».

Cuando todo lo demás falla, siempre podemos evitar a la persona en sí y esperar a que el tiempo le devuelva el juicio.

No obstante, será esencial evitar ofender dándole al otro con la puerta en las narices. ¡Nadie tiene que sentirse abandonado o despreciado! Una frase como ésta bastará para conseguirlo:

—¡Uy! Me acaba de escribir mi madre. Dice que tiene un ataque de ansiedad. Cariño, te dejo un momento que me voy a verla. Vuelvo enseguida y hablamos.

Después de dos o tres horas lo más seguro es que nuestra pareja se haya calmado. Es el mejor favor que podemos hacerle puesto que discutir, echar más leña al fuego, sólo nos agotaría —a los dos— inútilmente.

La aplicación de las cinco herramientas para gestionar la neurosis ajena es todo un arte. Mi hermano Gonzalo es un maestro del mismo, pero todos podemos aprenderlo.

Se trata de practicar y explorar sus posibilidades. Hay personas a las que les funciona mejor una combinación de maniobras determinada y a otras todo lo contrario. Pero tendremos muchas oportunidades para ensayar, ya que a nuestro alrededor abunda la neurosis.

Vale la pena la práctica. Sin duda alguna, los maestros en el manejo de las personas difíciles tendrán una ventaja competitiva enorme en su vida personal o laboral y, sobre todo, de cara a su propia felicidad.

En este capítulo hemos aprendido que:

- Todos los seres humanos fallamos y nos ponemos neuróticos.

- Pero podemos aprender a encajar bien la neurosis ajena.

- Antes que nada, recordemos: «En el momento de locura, prohibido razonar».

- Las cinco herramientas básicas son: «el humor», «el amor», «el surrealismo», «decirle que sí como a los locos» y «dejarle solo».

- Si practicamos mucho, sabremos emplear cada herramienta en su justa medida, para cada ocasión.

12

Más que saber perdonar, saber olvidar

De viaje en la India, el mulá Nasrudín pasó junto a un templo muy hermoso. Entró y conoció al monje a cargo del mismo.

—Nuestro templo está al servicio de todas las criaturas vivas, especialmente peces y pájaros —dijo el yogui.

—¿Puedo quedarme aquí unos días? —preguntó el mulá—. Tenemos una importante cosa en común: un pez me salvó la vida.

—¡Estaré encantado de alojaros! —dijo el yogui—. He sido devoto de los animales durante décadas, pero nunca he podido estar tan en comunión con ellos como usted. ¡Le salvó la vida! Eso demuestra que todos los seres vivos están interconectados.

Nasrudín pasó unas bellas semanas en la comunidad aprendiendo ejercicios de yoga.

Al cabo de un tiempo, el yogui preguntó:

—Ahora que somos amigos, si te sientes cómodo, ¿me podrías explicar la suprema experiencia del pez que te salvó la vida? Sería un honor.

—No sé si es buena idea —respondió el mulá.

Pero el yogui insistió, con lágrimas en los ojos, llamándole «maestro» y frotándose la frente contra el polvo.

—*Muy bien* —*dijo* Nasrudín—, *aunque no sé si estás pre-parado para la revelación que voy a hacerte. Ese pez me salvó la vida. Estaba a punto de morir de hambre cuando lo pesqué. Era enorme y me dio alimento durante tres días.*

Esta divertida historia nos enseña que nada es perfecto. Los que construyen mundos ideales, separados de la reali-dad, están condenados a caerse del guindo.

El mundo no es perfecto

A algunas personas, las cinco herramientas contra la neurosis les parecen deshonestas ya que, en vez de confrontar los con-flictos, los evitan y, en cierta forma, manipulan al otro.

En mi opinión, hay que tener en cuenta que el universo no es perfecto ni lo será nunca. Eso hace que haya un desencaje entre lo que deseamos y lo que es, entre lo ideal y lo real. Y lo más inteligente es cubrir ese espacio con herramientas como las mencionadas.

El ser humano es maravilloso y al mismo tiempo está loco. Es normal. Forma parte de nuestra misteriosa naturale-za. Y hay que aprender a respetar esos momentos de surrea-lismo.

En una ocasión, el profesor de yoga Ramiro Calle me con-tó una divertida anécdota. Él, que tiene más de setenta años y se ha pasado toda la vida en el mundo del desarrollo perso-nal, se hallaba un día en su casa lidiando con algún entuerto doméstico.

En un momento dado se puso de los nervios y armó un pollo.

Su mujer respondió de esta manera:

—¡Ramiro, tú mucho meditar pero hay que ver cómo te pones!

A lo que él replicó:

—Cariño, es que no sabes cómo me pondría si no meditase.

Esta simpática anécdota demuestra que los seres humanos somos los campeones de la exageración y el fallo, de la imperfección y la neurosis. Y siempre será así. Es imposible que alcancemos la perfección. Y, por supuesto, lo más inteligente es saber adaptarse a ella, al igual que los juncos se inclinan con el viento: sabiduría natural para una armonía real.

La Aceptación Incondicional de los Demás

La psicología cognitiva atesora un concepto llamado «Aceptación Incondicional de los Demás», clave para relacionarse bien con todo el mundo desde la confianza, el amor y el carisma. Y no sólo eso: también es el secreto de una buena auto-estima.

En el capítulo anterior ha estado planeando como idea base. Es lo que nos permite aplicar correctamente las cinco herramientas descritas: amor, humor, surrealismo, decirle que sí y dejarle solo.

La Aceptación Incondicional entiende que todo el mundo es bueno por naturaleza, pero que, en ocasiones, nos volvemos locos, agresivos y enemigos de los demás (y de nosotros mismos). Pero:

a) (Casi) todos tenemos cura para esa enfermedad.
b) La locura nos afecta a todas las personas de tanto en cuando.
c) Ayudar a transformar a los demás es un ejercicio sano y bellísimo.

La Aceptación Incondicional de los Demás también entiende que hemos de protegernos de los ataques de los «locuelos», pero desde el amor y la sana intención de llegar a curarles un día.

En mi anterior libro hablé con detalle de la Aceptación Incondicional de los Demás y describí a un fantástico modelo de Aceptación: un cura de setenta y dos años que tiene una casa muy particular en Martorell, cerca de Barcelona. Se trata de un hogar de acogida de los peores exconvictos de España, aquellos que, cuando salen, nadie quiere en su localidad: violadores, asesinos y demás. Él les tiende una mano durante meses —a veces años— para que puedan encontrar un modo de vida después de haber pasado tanto tiempo en la cárcel.

Josep Maria Fabró, este sacerdote atípico, fue protagonista de una entrevista en el programa de televisión *Salvados* (está colgado en YouTube) y, a continuación, incluyo una charla que tuvimos él y yo, tomándonos un café en Barcelona. Nuestro tema, por supuesto: la Aceptación Incondicional de los Demás.

CHARLA CON EL PADRE JOSEP MARIA FABRÓ

Nasrudín era un hombre mayor y contemplaba su vida ya casi terminada. Un día, sentado en una tetería junto a sus amigos, explicó:

—Cuando era joven, estaba lleno de energía y rezaba a Alá para que me diese fuerzas para cambiar el mundo.

Todos le escuchaban con atención pues era considerado un gran sabio.

—A los cincuenta años me di cuenta de que, pese a mis esfuerzos, el mundo seguiría igual. Así que pedí fuerzas para ayudar a aquellos que tenía cerca.

Nasrudín suspiró, bebió un poco de té y concluyó:

—Y ahora que soy anciano mi oración es simple: «Alá, dame fuerzas para cambiarme a mí mismo».

RAFAEL SANTANDREU: Oye, Josep Maria, tú llevas toda la vida trabajando en la prisión, ayudando a los internos. Y también fundaste un hogar para exconvictos. ¿Por qué haces todo esto?

JOSEP MARIA: Porque todo el mundo merece ser perdonado y amado. Yo, a mis setenta y dos años, cada vez soy más feliz conmigo mismo. ¡No sabes lo bien que sienta poder transformar a esos hombres! Y lo logro a base de amarlos, de acompañarlos en la vida. Cuando veo que, poco a poco, empiezan a ganar confianza en los demás y ven la vida de otra manera... eso no se paga con nada.

R. S.: ¿Sabes? En psicología cognitiva creemos que la Aceptación Incondicional de los Demás es muy sanadora porque es equivalente a Aceptarse Incondicionalmente a Uno Mismo. Si castigamos a los que fallan, también nos castigaremos a nosotros mismos cuando fallemos. Y eso no sirve para nada. Para cambiar hay que darse aliento y recursos.

J. M.: ¡Claro, Rafael! El castigo es estéril; sólo sirve para acumular rencor. Por eso las prisiones fracasan y los presos reinciden masivamente. Las personas sólo se pueden transformar cuando les ofreces algo diferente a lo que conocen; sólo si les abres los ojos a una vida nueva: generosa, más bella. Y está claro que, con uno mismo, tienes que obrar igual. Decirte: «He hecho algo mal; pues tengo que repararlo, y luego, con ilusión, me pongo a construirme de una forma nueva».

R. S.: Yo creo, además, que la Aceptación Incondicional de los Demás te permite vivir en un mundo de alegría y confianza, y no de temor. Al no ver a la gente mala por naturaleza, sino enferma pero capaz de curarse, te fijas en lo bueno y no tanto en lo malo. Te hace menos sensible a las tonterías que puedan cometer los demás: si te quitan algo, ¡pues mala suerte! Estas pérdidas no son tan importantes como el amor.

J. M.: Exacto. Una de las primeras personas que acogí fue un colombiano que me ayudó a arreglar la casa a cambio de un sueldo. Cuando acabó su estancia conmigo, un día entró y me intentó robar un dinero que tengo para los gastos. ¡Durante sus meses allí se había hecho una copia de la llave! Casualmente, yo aquel día estaba en la casa y le pillé. Bueno, me tocó perdonarle y empezar de nuevo. ¡Me costó, no te creas, porque le había tratado como a un hijo! Pero me di cuenta de que lo hacía por desconocimiento. Como dices tú, «por locura».

Cuando estás en la cárcel, al principio intentan engañarte muchas veces. Utilizarte para sus fines, incluso para algún hecho delictivo. Pero ¿sabes?, te has de dejar engañar. No pasa nada. Yo entiendo que lo hagan. El medio en el que se han educado les ha tratado mal. Pero al mismo tiempo me digo: «¡No te preocupes, que ya caerán en mis redes y cambiarán!».

R. S.: Nosotros decimos que el hombre es bueno por naturaleza. Y también capaz de actos feos. Pero, por dentro, somos esos niños que sólo quieren ser felices y hacer felices a los demás.

J. M.: Eso se ve perfectamente en los delincuentes. Si les enseñas otra manera de vivir, la toman porque, en realidad, la bondad es lo que nos define a todos: la generosidad, la fidelidad, la afirmación de lo bueno, la verdad. Yo les ofrezco girar hacia esa parte de sí mismos, y cuando lo hacen, no sabes cómo te lo agradecen. Te dicen: «Padre, usted me ha salvado. Me ha abierto a otra vida».

R. S.: Tú no rechazas a ningún delincuente por mucho mal que haya hecho. Estableces relaciones de amistad incluso con abusadores y asesinos de niños. ¿Cómo logras tener una amistad con alguien capaz de eso?

J. M.: Olvidando lo deleznable, dejándolo a un lado.

R. S.: Pero eso debe de costar mucho.

J. M.: Sí. A mí me ha costado bastante. ¡Y todavía me cuesta! El año pasado conocí a un hombre que tenía ya sesenta y largos. Y le pregunté: «¿Te queda mucha condena?». «Bueno, depende —me respondió—, porque ya llevo treinta años aquí.» Le dije: «¡Has hecho algo muy fuerte entonces! ¿Has cometido un asesinato?». Me respondió: «Sí, yo abusaba de niños pequeños. Un día, uno de ellos me reconoció y me iba a delatar. Así que lo maté».

En ese momento se me revolvió el estómago y pensé: «No quiero trato contigo, ¡ya te pudrirás aquí dentro!».

A los pocos días vino cuando yo celebraba la misa. Estaba sentado detrás y me miraba con una cara rara: era cara de auto-desprecio. Me sentí muy mal porque hasta yo le había desechado. Al final de la misa le llamé y fuimos a tomar un café. Se le iluminó la cara con mi aceptación. Y yo también me sentí muy liberado cuando di ese paso y lo acepté como era.

R. S.: Y fuera de la cárcel, en la calle, en tu parroquia, ¿también ejerces la Aceptación Incondicional de los Demás?

J. M.: Claro. Lo intento, pero ¿sabes?, ¡es más difícil llegar al corazón de la gente en la calle que en la cárcel! Cuando estás en un momento de crisis total te abres al cambio. Curiosamente, te abres al amor. Las crisis son momentos fértiles.

R. S.: ¡Eso lo veo yo en mi consulta frecuentemente! Por ejemplo, muchas personas pasan por un cáncer y, si aprovechan para cambiar de chip y orientarse hacia necesitar menos, llegan a ser más felices que antes. Por lo tanto, ¡las crisis son una oportunidad!

J. M.: Eso también sucede con la espiritualidad. ¡Por eso este trabajo mío es tan bonito! Porque tengo muchas oportunidades de ver la transformación de la gente, el nacimiento a una nueva vida. Es como ser médico y ver todos los días el milagro del parto.

R. S.: Un día te oí decir que «la cárcel es lo que tú quieres que sea».

J. M.: Sí. Los presos tienen la oportunidad de crear una vida nueva desde la cárcel. Es cierto que la prisión tiene unos condicionamientos, pero también los tiene la vida en general. Se trata de darse cuenta de que existen muchas cosas hermosas por hacer, siempre.

R. S.: Oye, por cierto, ¿tú crees que las guerras también

son debidas a la falta de Aceptación Incondicional de los Demás?

J. M.: Por supuesto. El núcleo de la violencia es la poca confianza en el otro. Pero los políticos se encargan de lanzarnos mensajes de alarma: «¡Cuidaos, protegeos, vigilaos!», y esto hace que la gente tema constantemente que la ataquen, que le quiten algo, y así nos volvemos violentos.

R. S.: El miedo es el combustible de la exigencia y la violencia.

J. M.: Sí, estamos tan prevenidos los unos contra los otros que parece que el vecino siempre quiere quitarnos algo y nos tenemos que defender. Y así nos vamos cerrando los unos a los otros. Yo me pregunto, ¿por qué no damos masivamente un paso para vivir otro tipo de coexistencia?

R. S.: Un obstáculo es el apego tan grande que tenemos a los bienes materiales y a la comodidad.

J. M.: Claro. Porque para acercarte a los demás y enseñarles una vida nueva has de dejar que te timen un poco, como hago yo con los presos. Pero es que, como decía Jesús, «no saben lo que hacen»... Pero lo bueno es que con el tiempo cambian y ¡nacen personas nuevas!

R. S.: La clave es ser pedagógico, demostrarle al otro dónde se encuentra la buena vida, la clave de la felicidad. Eso hace que se apunten al carro del amor.

J. M.: ¡Eso es! Tienes que decirte a ti mismo: «Ése que vive a mis espaldas ya cambiará. Yo le haré descubrir que la vida es otra cosa». A veces, es un proceso largo y pesado, pero es el método más hermoso y el que de verdad funciona.

R. S.: Pero ésa es también la forma de pacificarnos porque ya no tenemos miedo a que nos roben o nos maltraten un poco. Ahora ves todo eso como una oportunidad de cambiar a los demás.

J. M.: Completamente de acuerdo.

R. S.: Te voy a trasladar, Josep Maria, una pregunta que me hacen a mí: ¿no existe un límite a la Aceptación Incondicional de los Demás? Por ejemplo, si tienes un amigo que es muy desagradable, ¿hasta qué punto lo tienes aguantar? ¿No es conveniente romper con una persona así?

J. M.: Te voy a responder lo que yo siento. A mí me hace daño interior rechazar a alguien. Me pesa. Por eso siempre busco maneras de convertir esa «desagradabilidad» de la persona en algo bueno. Me molesta mucho sentir el mínimo rechazo por alguien. Y si eso sucede, hago todo lo que sea por cambiarlo.

R. S.: Pues mira, yo hasta ahora aconsejaba lo siguiente: «Puedes seleccionar a quién meter en tu vida y a quién rechazar, pero no dejes nunca de incluir a un porcentaje de personas difíciles. Evita querer tener sólo amigos o familiares perfectos porque entonces te quedarás solo». Tiene que haber un cupo de personas difíciles en tu vida a las que tolerar y aprovechar para aprender de ello.

J. M.: No está mal, aunque yo prefiero aceptarlos a todos.

R. S.: Pues creo que tu opción es mejor. La voy a meditar bien.

J. M.: Ya me dirás a qué conclusiones llegas.

R. S.: Hay otro tema, Josep Maria, que es el de los psicópatas. Es cierto que existe un porcentaje de personas —yo siempre digo que ínfimo— a las que les falta un cable y que no pueden experimentar la bondad ni ponerse en la piel de los demás. A ésos no los vamos a poder cambiar con amor.

P.: Claro. Yo, por mi trabajo, he conocido a varios.

R. S.: ¿Y tampoco los rechazas?

J. M.: Tampoco. Porque están muy enfermos, y al enfermo hay que darle la mano y proporcionarle cuidados adecuados. En muchos casos habrá que meterles en un hospital psiquiátrico, por supuesto, pero con el máximo de atenciones y con la voluntad de llegar a curarlos algún día.

R. S.: Pero bueno, yo creo que es muy importante decirle a la gente que hay muy poquitos psicópatas. Es muy raro encontrarse a uno. El 99 % de la gente no lo es. Lo normal es que hagamos el mal por confusión, y eso se puede cambiar a través del amor.

Me gustaría comentar contigo otro tema, Josep Maria: yo creo que es muy importante darse cuenta de la paradoja de que el ser humano es maravilloso y, al mismo tiempo, insignificante. Porque somos granos de arena en el universo.

J. M.: Yo, como cristiano, no puedo estar más de acuerdo. Esta vida es un pasaje muy corto dentro de una vida eterna.

R. S.: Yo, como científico, también pienso en los tiempos del universo y ratifico que lo que vivimos ¡es un abrir y cerrar de ojos! Pero ¡qué bueno es darse cuenta de que nada es tan importante como nos creíamos! ¡Ni siquiera las grandes tragedias de la humanidad!

J. M.: ¡Sí! Se trata de jugar tus cartas, en cada momento, de la manera más hermosa que puedas. Y siempre hay oportunidades de hacer cosas bellas. ¡Y el mundo: que dure lo que tenga que durar! También es importante no engrandecerse porque eso te aparta de las cosas pequeñas y maravillosas de la vida. De lo esencial, que es amar.

La agresividad nacida de la bondad

> Los peores desastres se cometen con los
> mejores deseos.
>
> Oscar Wilde

Hace pocos días di una charla en un gran congreso sobre Crecimiento Personal. Se trataba del Foro Emociona, en Santiago de Compostela, la más grande jornada de ese tipo en España. Nos habían invitado a varios expertos y acudían más de mil quinientas personas: mucha gente buena, deseosa de aprender a gestionar su mundo emocional.

El Foro Emociona tiene lugar en un enorme palacio de congresos, decorado con globos, carteles de colores, chicos bailando, música y hasta camas elásticas ¡para saltar y jugar!

Yo era el último ponente del día y, hasta el momento, había sido una jornada entusiasta, todo un éxito. Y había decidido hablar de un tema típico de la psicología clínica: «La ansiedad de rendimiento».

La gente aplaudió a rabiar mi entrada en el escenario y fui exponiendo los principios de la psicología cognitiva para reducir el estrés de «tener que hacer las cosas bien».

En un momento dado de mis explicaciones hablé del concepto de «inteligencia».

Gran parte de la ansiedad de rendimiento reside en el hecho de que deseamos demostrar que «valemos» mediante un mayor o menor despliegue de inteligencia.

Nos da mucho miedo la posibilidad de que la gente piense que somos «tontos».

Yo expliqué que, hace ya muchos años, me liberé de esa

imposición. Ya no quiero ser inteligente. Es algo que me da igual.

He comprendido que, en este mundo, todos somos «tontos» puesto que sabemos muy poco acerca del sentido de la vida, sobre las preguntas básicas de la existencia.

Y, por otro lado, la inteligencia no da la felicidad; así que, ¿para qué darle tanta importancia?

Y en el curso de esta argumentación cité el ejemplo de los síndrome de Down. Dije:

—Los chicos síndrome de Down son personas maravillosas: alegres, divertidos, felices y muy amorosos. Tienen muy poquita inteligencia, pero ¡a quién le importa! Son tan valiosos como cualquiera de nosotros o más. Si yo fuese síndrome de Down me sentiría igualmente hermoso por mi capacidad de amar, que, a fin de cuentas, es lo único que merece la pena en esta vida.

Cuando acabé mi ponencia, entre los aplausos del público se oyó un abucheo de un grupo no poco numeroso: ¡Buuuuuu!

¡Era el único de los ponentes que recibía tal desaprobación! Aquello era un foro de alegría, risas y amor. ¡¿Qué estaba sucediendo?!

Tras bajar del escenario, me senté a firmar libros. Se formó una pequeña fila y me puse a la tarea.

Como siempre, se me acercaron lectores agradecidos y me contaron pequeñas confidencias. Pero al poco apareció delante de mí un grupito de siete mujeres con semblante tenso.

Una de ellas, llamada Laura, era la estandarte. Era una mujer de unos cuarenta años, hermosa, vestida de forma moderna y a la vez elegante.

Laura se sentó a mi lado y las demás me rodearon, muy serias.

—Rafael, ¡venimos a decirte que lo que has dicho acerca de los síndrome de Down ha sido una vergüenza! —me espetó Laura arrugando los labios.

Sus compañeras me clavaban una miraba inquisitorial.

—¿Pero tú has conocido de verdad a alguna persona con síndrome de Down? —dijo Laura a duras penas conteniendo su rabia.

—Sí. A muchas. ¿Por qué? —respondí tímidamente.

—Porque, para empezar, los síndrome de Down no son «buenos» como tú has dicho. ¡Ni carecen de inteligencia! Tu exposición ha sido una vergüenza. Hoy había aquí unos ochocientos profesores de toda Galicia y tú has contribuido, de la peor manera, al estereotipo del síndrome de Down. ¡No deberían dar voz a personas como tú, que no saben de lo que hablan! —dijo Laura ya sin retener su indignación.

Las demás chicas asentían con la cabeza.

—¿Vosotras pertenecéis a alguna asociación?— pregunté con un hilillo de voz.

—¡Sí! ¡A la Asociación Teima de Galicia! —respondió Laura como escupiendo las palabras sobre mí.

—Yo colaboro desde hace años con la Asociación Down Las Palmas. Cada año hago un acto para recaudar fondos para ellos —dije para suavizar el ambiente.

—¡No necesitamos dinero, sino incluir a estas personas en el mundo! ¡Tu intervención me ha dado tanta rabia...! ¡Lástima que no me haya llegado el turno de preguntas para decírtelo delante de todo el mundo! —me espetó Laura.

A partir de ahí, decidí acabar cuanto antes con el fusilamiento y les pedí disculpas; les aseguré que no lo había hecho a propósito y que mi imperdonable desliz no se volvería a repetir.

Laura y las demás se levantaron y se fueron sin despedirse.

¡Uau! ¡Qué experiencia más interesante! Aquella muestra de indignación, rabia y agresividad fue lo más provechoso de aquella jornada.

Y al día siguiente me puse a esbozar sobre papel un esquema del fenómeno de «la caza de brujas», esto es, «la intolerancia que nace de la bondad».

PROGROMOS DE AYER Y HOY

A lo largo de la historia se ha producido, una y otra vez, el fenómeno de «la caza de brujas»: la persecución de la brujería, el encierro de homosexuales, las matanzas de judíos en la Europa medieval...

En el democrático Estados Unidos del siglo xx se persiguió a comunistas en Hollywood con la misma saña ultrarreligiosa de la Inquisición.

Y prácticamente todos los días, en algún lugar de nuestra presuntamente civilizada sociedad, se demoniza de manera irracional alguna actitud tabú.

Podríamos definir «la caza de brujas» como la voluntad de la eliminación completa y radical de un peligro estremecedor, o de la extirpación de cualquier sospecha de un mal que, en realidad, no existe (o está sumamente exagerado).

Lo que se persigue con la caza de brujas no es una amenaza racional, como un tigre suelto o la posibilidad de un terremoto. ¡No! ¡Se trata de algo mucho peor! ¡Infinitamente peor!: estamos hablando del peligro ante el mal congénito, abismal, sin remedio, fantasmal, total.

Estamos hablando de un mal diabólico que sólo persigue la aniquilación de todo lo bueno que hay sobre la tierra. Por eso la caza de brujas es necesaria, es urgente y tiene que ser radical.

Ese carburante llamado «temor»

La fantasía es maravillosa. Nos acerca a la ciencia, las artes y tantas cosas hermosas. ¡Somos los únicos animales que poseemos es don!

Pero también puede ser una maldición porque, de la misma forma que podemos imaginar escenarios sublimes, podemos imaginar males extraordinarios. ¡Y creérnoslos!

Las personas caemos con frecuencia en esa forma de temores abisales: inventados, inexistentes, delirantes. Los padecemos y los combatimos, como locos que experimentan alucinaciones.

¡Menos mal que sobre la tierra, en realidad, no existe ese mal total!

Los cineastas descubrieron hace mucho tiempo el «fenómeno del mal indeterminado». Se dieron cuenta de que el ser humano teme más a un miedo sin aclarar que a uno definido y descrito.

En una película, lo que da más miedo es una escena en la que detrás de una puerta hay algo malo pero no se sabe qué es. Eso incrementa la tensión hasta lo insoportable.

El «efecto del mal indeterminado» es enorme porque activa la desbordante imaginación del ser humano. ¡La amenaza podría ser cualquier cosa! Más que cualquier cosa conocida: algo mágicamente tenebroso e infinitamente malo.

Pero, como decía, si somos racionales podemos estar tranquilos, podemos pacer como cebras por la sabana porque lo mágico no existe. El mal que puede acaecer realmente al hombre es limitado y, si así lo escogemos, incluso no nos impedirá ser felices.

LA MUERTE NO ES TAN MALA

Ya sabemos que si lo peor que nos puede pasar es la muerte —y eso es natural, necesario y hasta bueno—, ¡no hay nada que temer! La vida es fácil, hermosa y amigable, el paraíso al que hemos sido llamados a habitar.

En efecto, el miedo es el carburante del fenómeno de la caza de brujas, «la agresividad nacida de la bondad». Y el antídoto es pensar racionalmente.

Laura temía tanto que sus familiares síndrome de Down fuesen rechazados que cualquier cosa que sonase a eso «debía» ser combatido, extirpado y «radiado» con una terapia atómica para no dejar posibilidad de rastro futuro.

Y si asomaba la cabeza del demonio, como le pareció mi intervención, le dolía en el alma. Le dolía y la enfurecía. Sentía temor, indignación, dolor y furia a partes iguales. Emociones tremendas, sin duda, para una jornada alegre como aquélla.

Blanco o negro

Un fenómeno característico de la invención de demonios absolutos es el pensamiento de blanco o negro. Cuando uno se convence de que existe el mal total se tiende a ver el mundo dividido en dos: los seguidores de Belcebú y los responsables perseguidores del mal. No hay nadie en medio.

Una amiga mía, Ana, me explicaba un día un diálogo que tuvo en su trabajo sobre el espinoso tema de los maltratadores machistas.

Ella tenía un hermano que había sido acusado falsamente de maltrato por su mujer, y entre sus compañeras enfermeras quiso defender la idea de que se tienen que investigar con cuidado esos casos.

Ana me explicó:

—¡Se me echaron encima! Una de ellas todavía no me habla, y ha pasado más de un año.

Para algunas de sus amigas, Ana había pasado automáticamente al bando de los «maltratadores», como despreciable cómplice del monstruo.

En el curioso fenómeno de «la agresividad nacida de la bondad», o estás en el bando de los ángeles o en el de los demonios. Y el debate, la duda, la ligereza, el replanteamiento o cualquier tipo de tibieza te colocará entre los sospechosos de herejía, la parte a aniquilar.

En psicología sabemos bien que el pensamiento de blanco o negro es síntoma de neurosis. El hiperceloso, por ejemplo, querría anular toda posibilidad de infidelidad, tal es su temor a que un día suceda lo peor.

El hipocondríaco necesita también la seguridad, al 100 %,

de que la prueba médica le descarta de la enfermedad. No le vale el 96 %; ese 4 % de posibilidades es intolerable.

Por eso no hay nada más sano que evitar el pensamiento de blanco o negro. La vida tiene grises, sombras, colorines y muchas tonalidades. Y, precisamente, la observación completa de los fenómenos es lo que nos permitirá hallar soluciones reales y efectivas, incluso hermosas.

TODOS SOMOS PARECIDOS

La psicología cognitiva —y la salud mental, en general— defiende que todas las personas pueden cambiar. En realidad, creemos que todos los seres humanos somos muy parecidos y que es la educación, el medio ambiente y los aprendizajes lo que nos atrae hacia la bondad, la generosidad y el amor: o en dirección contraria.

Lo hemos visto en innumerables ocasiones, en exdelincuentes como el Lute. Y en nosotros mismos, por suerte.

Este tipo de visión es muy benéfica para la sociedad en general y para uno mismo en particular.

Si creemos que en el fondo de cada humano pervive el germen de la bondad, seremos muy eficaces a la hora de transformar a los demás. Se nos ocurrirán planes de transformación efectivos. Si no creemos en el cambio, difícilmente nos convertiremos en agentes facilitadores del mismo.

Y, además, la Aceptación Incondicional de los Demás nos sitúa en un mundo más hermoso y menos peligroso. Con ella albergaremos menos temor y más confianza, la palabra mágica de la buena influencia social.

Pero cuando se cae en la demonización, el temor no concede tregua ni tiempo para facilitar el cambio de nadie. ¡Se debe extirpar el mal antes de que nos elimine a nosotros!

Laura, la hermosa defensora de los Down, lamentaba que se me hubiese dado la palabra en aquel acto. Deseaba que yo no hablase nunca más, tal era el peligro que acumulaba mi alma.

Las personas sanas, por el contrario, despliegan sus argumentos con la bella tarea de sumar al otro al club de los defensores de tal o cual idea. Lo hacen con entusiasmo porque saben que todos podemos aprender, cambiar y quizá más tarde contribuir al bien común.

Todos hemos cambiado de visión sobre muchos temas infinidad de veces. Es bueno hacerlo. Y todos hemos sido tercos, crueles, estúpidos e inmaduros. Pero también generosos, honrados y altruistas. Así es el ser humano: capaz de lo mejor y de lo peor. Depende de qué parte de nuestra alma alimentemos, entre todos.

Pero, ay, amigos, no sucede así con el diablo. ¡Ése no cambia! Representa el mal radical y no hay pedagogía posible con él. Y cuando demonizamos, el único manual posible es la estaca en el corazón.

El 5 de agosto 1391 hubo un progromo en mi ciudad, Barcelona, que no fue ni el primero ni el último. «Progromo» es como se denomina un ataque de furia sobre los judíos de los muchos producidos a lo largo de la historia.

Aquel día se extendió una calumnia sobre la ciudad, y las buenas gentes salieron a la búsqueda de sus vecinos judíos para exterminarlos. Murieron cientos de adultos y niños. Después de aquello, muchos judíos abandonaron la ciudad

—y España— para siempre. Otros, increíblemente, se quedaron.

Los asesinos de judíos de aquel ignominioso día eran buena gente, sólo que les entró la locura de la caza de brujas. Hoy en día hacemos lo mismo, sin armas de hierro pero con las espadas del desprecio y el insulto.

Para evitar la demonización, la caza de brujas, la agresividad nacida de la bondad y que por fin seamos capaces de debatir como seres racionales, podemos hacer lo siguiente:

- Abrirse siempre a la posibilidad de cambio de opinión. Por extraño que pueda parecer, quizá el otro tenga razón.
- No establecer ningún tabú: cualquier tema puede ser discutido.
- Evitar las descalificaciones absolutas: nadie es bueno o malo por naturaleza.
- Permitir que todas las voces hablen. Ni siquiera es razonable querer acallar a los nazis.
- Intentar disminuir el temor en la vida: nada es tan terrible. Esa posición es mucho más sana, feliz y creativa.
- Darse cuenta de que la perfección no existe en este universo. Y es posible ser feliz en él.
- Darse cuenta de que es hermoso transformar al otro y dejarse transformar por los demás. Así es como mejoramos las relaciones humanas.
- Todos fallamos con frecuencia. Es el signo del género humano. Quien esté libre de pecado que tire la primera piedra.
- El castigo por el castigo, fustigar y fustigarse a uno mis-

mo no motiva para el cambio entusiasta, para la mejora
y el aprendizaje.

- Cada vez que un discurso nos resulte chocante, investi-
guemos más sus argumentaciones. Quizá perdemos
algo de vista.

Yo admito que tengo tendencia a demonizar. Todos la
tenemos. Recordemos que es una jugada de nuestra fantasía
desbocada. Pero me he dado cuenta de que se puede mantener a raya ese impulso.

Si queremos crear un mundo más hermoso, donde «hablando se entienda la gente», un lugar creativo y fértil, evite-
mos la demonización. Por suerte, los únicos demonios que
existen son sus satánicas majestades los Rolling Stones.

«Estoy en desacuerdo con lo que dices, pero defenderé
hasta la muerte tu derecho a decirlo», dijo Voltaire.

En este capítulo hemos aprendido que:

- El mundo nunca será perfecto y hay que hacer encajar
las cosas.
- La Aceptación Incondicional de los Demás consiste en
considerar a todas las personas como maravillosas.
- Cuando hacemos algo mal es debido a la «locura» o la
«confusión».
- Podemos apartarnos de alguien «locuelo» pero seguir
amándole en la distancia.
- Ayudar a transformar a las personas nos llenará de
amor y confianza.

13

Crear una relación de pareja ideal

Dos viajeros, uno que venía del norte y otro que venía del sur, se encontraron por casualidad en un punto del camino y decidieron seguir juntos para hacerlo más entretenido.

—¿Hacia dónde te diriges? —preguntó el que venía del norte.

—A donde pueda encontrar un auténtico maestro —respondió el del sur—. Llevo años de búsqueda, pero no desespero. Sé que es difícil encontrar a un auténtico gurú.

—¿Y qué harás cuando lo encuentres? —volvió a preguntar el compañero.

—¡Oh, ése será un gran momento! Me postraré a sus pies, mi corazón se estremecerá y seguramente lloraré. Dios quiera que llegue ese día —contestó.

Pasaron varias jornadas y ambos compartieron muchas vivencias.

Una mañana el hombre que venía del norte dijo:

—Ha llegado el momento de separarnos. Tú sigue tu camino que yo seguiré el mío.

—¿Adónde irás? —preguntó su compañero.

—Continuaré mi búsqueda.

—¿Qué búsqueda?

—*La de un auténtico discípulo. Es difícil de encontrar. Pero no desespero.*

El verdadero encuentro entre dos personas no se da el día que se conocen o en el momento en que se enamoran, sino después, cuando aprenden a entregarse.

Las cuatro habilidades que estudiaremos en este capítulo nos ayudarán a mantener esa entrega viva durante muchos años:

- Forjar la unión resolviendo problemas.
- Mantener encendido el núcleo afectivo.
- Formar una unión multiproveedora.
- Dejar de ser *opinionated*.

El estudio de miles de parejas exitosas —felices durante más de veinte años— nos ha proporcionado las claves de una gran relación. Y lo mejor es que se trata de habilidades que todos podemos aprender.

FORJAR LA UNIÓN RESOLVIENDO PROBLEMAS

Esta habilidad es un paso previo, algo a tener en cuenta, si puede ser, antes incluso de iniciar una relación.

Se trata de darse cuenta de que cualquier relación íntima —de amigos o de pareja— requiere conocerse bien. Y sólo conocemos a alguien después de haber tenido un desencuentro. Antes de eso, sólo habremos sido «conocidos». O, como mucho, amigos superficiales.

Con los amigos superficiales es posible no discutir nunca, pero eso se debe a que no se comparte mucho.

Podríamos decirlo de otra forma: «Sólo puedes llamar "amigo" a alguien con el que te has peleado y reconciliado». Hasta que no llegue ese momento, todavía no le conoces, no has intimado realmente.

Esto es así porque en toda relación en la que se da una convivencia, en la que se hacen cosas juntos, hay desencuentros, problemas, desacuerdos, entuertos; ¡es imposible evitarlos por completo! Y la calidad de una relación viene marcada precisamente por lo bien o lo mal que los resolvemos.

La lección que extraemos de ello es que una pareja debe esperar encontrarse con esos desencuentros. ¡Es normal! ¡Incluso bueno! Es señal de que convivimos, de que la interacción es cada vez más estrecha. Y tenemos un montón de oportunidades de crecer juntos a través de ello.

Es más, yo diría que cada desencuentro resuelto nos une más como pareja: nos conocemos más, hemos llegado a más acuerdos, nuestro roce es cada vez más intenso y hermoso.

Yo he conocido a muchas personas convencidas de que cada problema de pareja es una señal de incompatibilidad. Y así, cuando llegaban los desacuerdos les entraban ganas de huir de la relación. No se daban cuenta de que esas situaciones eran los ladrillos más importantes con los que se construye el vínculo. Seguramente, los más importantes y hermosos.

Por lo tanto, cada vez que tengamos un problema de pareja pensemos que se trata de un *stage* más de la relación, de una oportunidad única de intimar, de amarse en profundidad. Se trata de una aventura protagonizada por los dos, de un viaje maravilloso que nos abrirá a un paisaje relacional nuevo: mucho más colorido y frondoso. El amor profundo y maduro se abre ante nosotros.

El núcleo afectivo

Vamos a empezar por lo esencial de una buena pareja: es lo que yo llamo «el núcleo afectivo». Es como el núcleo de un reactor atómico, donde se cuece lo mágico y lo más importante de una relación.

El núcleo afectivo es la sensación de apoyo, interés y cariño incondicional que sienten los miembros de una pareja. Y es algo que se desarrolla y se mantiene, como el fuego de una hoguera.

Un núcleo afectivo ardiente proporciona lo que los investigadores del desarrollo infantil denominan «apego», una sensación única de seguridad, bienestar y goce en la interacción. De niños, lo desarrollamos de manera natural por nuestra madre. De adultos, por una persona que personifique amor y apoyo incondicional.

En una pareja de larga duración, el núcleo afectivo viene expresado por el amor que los dos miembros se dan mutuamente al final del día. Cuando se juntan en el sofá y se hacen mimos; cuando se van a dormir y se abrazan y besuquean. Cuando al despertar dejan la casa despidiéndose como socios. El mensaje del núcleo afectivo es: «Mi vida es tu vida; haré mi parte por ti. Te veo después, amor».

Lo más importante en una pareja es mantener ese núcleo afectivo ardiente, intenso como el núcleo de una central atómica. El resto de las cosas va muy por detrás: que el otro colabore en casa, tenga buen humor, le guste salir o entrar... son anécdotas cuando lo comparamos con la importancia del «núcleo afectivo» para la vida de las personas.

LOS PROBLEMAS NO SON UN PROBLEMA

Recuerdo a una pareja que vino a verme hace muchos años; ella tenía un trastorno emocional muy serio. A menudo armaba unos pollos increíbles en los que despedía a la asistenta y se ponía de morros con todos. Su marido la acompañó a la primera visita y me explicó el problema:

—Tenemos a Nieves bastante alterada últimamente. A ver qué puede hacer, doctor.

Lo que me sorprendió del hombre es que amaba a su mujer de una manera fiel e intensa, independientemente de que ella estuviese bien o mal. Ni por un instante se había planteado dejarla. Y es que ella le proporcionaba su «núcleo afectivo», y viceversa.

Ella tenía fases malas, pero amaba a su marido, lo cuidaba, se interesaba por él, le daba mucho cariño. Y ambos sabían que eso era el secreto de su fuerza.

FUERZAS PARA SALIR AL MUNDO

1 + 1 en el ámbito de la pareja no es igual a 2. Es igual a 5 o 6. ¿Por qué?

Porque cuando uno siente que tiene el apoyo amoroso del otro se siente mucho más capaz de llevar a cabo cualquier empresa. Con más fuerza que uno, que dos y que muchos más.

Además, casi todo lo que hacemos cuando tenemos un buen núcleo afectivo es, en gran parte, para compartirlo con el otro.

Si ese negocio sale bien, el 70 % de lo logrado es para tu amada; lo haces sobre todo por ella, más que por ti. Eso da sentido a tu vida. Uno es mucho más efectivo y feliz si trabaja por otra persona que por uno mismo. Se trata de una especie de «salirse de uno mismo», que otorga una gran libertad y felicidad.

Éste es el principal beneficio de una pareja, de un núcleo afectivo encendido: la enorme seguridad que proporciona, el incremento de capacidades y fuerzas. Es una mezcla de estabilidad y potencia que nos va a permitir desarrollar muy bien nuestra vida, nuestra felicidad.

Es muy importante valorar ese extraordinario beneficio y no pequeños desacuerdos que puedan surgir a lo largo de la convivencia.

Existen estudios que demuestran que las buenas parejas —felices y duraderas— no lo son porque sean efectivas a la hora de resolver conflictos, sino porque tienen un gran núcleo afectivo.

Muchas de las buenas parejas tienen infinidad de desacuerdos no resueltos. Pero no pasa nada. Se quieren y se aman, se apoyan y se miman, y eso es el fundamento de su unión.

CUANDO EL NÚCLEO SE ENFRÍA

Pero muchas veces sucede que las parejas no sitúan al «núcleo afectivo» como lo esencial, sino que le dan más valor a lo anecdótico, a lo práctico, como si una pareja fuese un par de compañeros de piso. Sin embargo, unos compañeros sólo comparten casa, no una cosa tan poderosa como el «núcleo afectivo».

Dicho de otra forma, las malas parejas dejan enfriar el núcleo afectivo por cualquier desavenencia. Por ejemplo, si ha habido una discusión con la familia política, hoy no se tratan con cariño, esa noche no se abrazan en el sofá. ¡Craso error!

Pase lo que pase, por grande que sea el desacuerdo, al llegar la noche hay que abrir una botella de vino y abrazarse. Independientemente de todo. Ya habrá tiempo más adelante para hablar del asunto que nos enfadó. Llegada la noche, hay que alimentar al niño interior que es todo amor.

En ocasiones se deja de alimentar el núcleo tras la llegada de un hijo. Parece que el niño pequeño necesita todo el afecto y ya no hay tanto tiempo para el cariño de la pareja. O cuando el chaval crece, los padres sienten que ir abrazados por la calle podría despertar sus celos. De nuevo se trata de un error. ¡Están dejando que se apague la hoguera!

Es cierto que el niño puede sentir celos del amor sentimental de los padres, pero eso se supera dándole a él también amor y dejando que se acostumbre. Además, cuando sea adulto, la herencia de haber tenido unos padres enamorados le será de gran utilidad: creerá en la pareja y sabrá cuidarla adecuadamente.

Por lo tanto, activemos el cariño diario, el interés y el apoyo mutuo por encima de todas las cosas: las relaciones que lo hacen así son espectacularmente sólidas.

LA UNIÓN MULTIPROVEEDORA

El joven Nasrudín llamó a la puerta de su amada.
—¿Quién anda ahí? —dijo una voz.
—Soy yo, tu amado —respondió el joven.
De nuevo, la voz dijo:
—Vete. No hay sitio aquí dentro para dos.
Nasrudín se marchó a realizar sus rezos. Más tarde volvió y llamó de nuevo a la puerta.
—¿Quién es? —preguntó la voz.
—¡Soy tú! —respondió Nasrudín.
La puerta se abrió y unos brazos amorosos envolvieron al joven y lo atrajeron hacia dentro.

El segundo pilar de una relación ideal tiene que ver con la satisfacción de los intereses de cada uno. A continuación estudiaremos un concepto revolucionario en el mundo de las asociaciones, basado en la generosidad para la producción de prosperidad.

Con este concepto, las relaciones de cooperación —empresas, organizaciones, parejas— tienen un enorme éxito. Sin él, tienden a fracasar. Lo llamo «la unión multiproveedora».

El ejemplo de la UE

Es curioso, pero las uniones grupales más hermosas, como la Unión Europea, donde una serie de países se coaligaron para formar un estado mayor, nos enseñan cómo puede ser idealmente una pareja, la forma de unión más pequeña.

Los estados de la UE buscan el bien común de una forma madura porque no basan su unión en la simple democracia o la justicia imparcial. Estos conceptos son muy buenos, pero hay otros que los superan, como «la unión multiproveedora».

La unión multiproveedora implica que dos individuos se alían para satisfacer los intereses de cada parte, más allá de la justicia o la pura democracia.

En una alianza multiproveedora se va más lejos de lo que estamos acostumbrados a ver, por ejemplo, en las asociaciones de vecinos, que son un paradigma de mala actitud grupal.

En la UE, a los países menos boyantes se los apoya para que suban de nivel porque se entiende que su bienestar, a la larga, irá en beneficio de todos. Esto es «generosidad» más allá de la «justicia».

Una pareja podría hacer igual. Si una mujer siente el deseo de tener un hijo, desde el punto de vista de la unión multiproveedora lo normal sería tenerlo aunque el hombre no lo tenga claro.

En este tipo de uniones generosas y abundantes, el marido no tiene nada que temer porque sus necesidades particulares serán satisfechas, a su vez, de otra forma.

La unión multiproveedora se basa en que la generosidad y la cooperación son capaces de generar una enorme abundancia. Unidos, movilizamos unas fuentes de bienestar, gratificación, resolución y organización insospechadas. Porque ambas partes (familias extensas incluidas), unidas de esta forma, generan grandes sinergias y abundancia, como sucede con las federaciones de países que funcionan así.

De todas las uniones que podemos establecer los seres humanos, la más estrecha y útil puede ser la de pareja. Desde este punto de vista: ¿cómo nos vamos a negar si ella quiere tener un hijo o si él desea cambiar de carrera? ¿Cómo no vamos a hacerlo todo por el otro? ¿Y más cuando este tipo de alianzas trae como fruto una enorme abundancia para ambos?

Las parejas que no funcionan —la mayoría, actualmente— no confían en el poder de la unión multiproveedora. Son como países que viven en la autarquía, que se niegan a comerciar con otros por miedo a perder. A la larga, están condenados a empobrecerse.

En estas parejas poco colaborativas, cuando uno de los miembros manifiesta un interés que el otro ve como una amenaza se crea un conflicto. Como cuando ella quiere tener un hijo y él no. A partir de ahí, viven defendiéndose de los intereses del otro.

Sin embargo, sería mucho mejor que ambos se emplazasen alegres a satisfacer las metas del otro. No les resultaría difícil si se diesen cuenta de que, bien unidos, crearán una abundancia sorprendente de recursos.

Por ejemplo, en el caso de tener hijos, una pareja creativa y generosa encontrará recursos de sobra para cuidar de los pequeños y llevar a cabo mil actividades más.

Cuando se confía en la unión multiproveedora aparecen soluciones, medios y maneras extraordinarios: la ayuda de abuelos, vecinos, amigos, asistencia contratada y muchas más vías creativas.

Por su parte, el hombre tampoco ha de tener miedo de perder por el hecho de tener un hijo: su interés por llevar una vida emocionante y creativa será, a su vez, apoyado por su pareja.

Habrá recursos para todo, de la misma forma que una asociación como la Unión Europea genera una prosperidad inteligente que ningún país aislado consigue por su cuenta.

Para crear uniones de este tipo suelo recomendar a las parejas que lo hablen, que se emplacen para darse ese tipo de apoyo, que visualicen un futuro donde encontrar satisfecha cualquier aventura que se desee emprender. La unión multi-proveedora es una cuestión de visión, ilusión y alegría, ¡y funciona siempre!

Dejar de ser *OPINIONATED*

Todos los días Nasrudín iba a pedir limosna a la feria y a la gente le encantaba ponerlo en evidencia con el siguiente truco: le mostraban dos monedas, una de diez dinares y otra de uno. Nasrudín siempre escogía la de menor valor.

La historia se hizo conocida por todos. Día tras día, grupos de hombres y mujeres le mostraban dos monedas, y Nasrudín hacía lo suyo. Hasta que apareció un hombre generoso que, cansado de verlo ridiculizado, lo llamó a un rincón y le dijo:

—Siempre que te ofrezcan dos monedas, escoge la de mayor valor. Así tendrás más dinero y no serás considerado un idiota.

—Usted parece tener razón —respondió Nasrudín—, pero

si elijo la mayor, me van a dejar de ofrecer dinero para probar que soy más idiota que ellos. No se imagina lo que he ganado con este truco. No hay nada malo en pasar por tonto si, en realidad, se está siendo inteligente.

Este cuento antiguo pone de relieve lo «tonto» que es querer hacerse pasar por «listo». El fenómeno que vamos a estudiar a continuación tiene que ver con eso mismo. En el ámbito de la pareja, querer tener razón causa muchos conflictos realmente «tontos».

El tercer punto es algo práctico, y quizá parezca menor, pero puede evitar mucho malestar y distanciamiento en la pareja. Gracias al entrenamiento en «dejar de ser *opinionated*» aprenderemos a comunicarnos con corrección, elegancia y amor con la persona más importante de nuestra vida.

No más listillos y cabezones

Casi todos nos consideramos razonables, flexibles, abiertos de mente y buenos dialogadores. ¡Sí, somos *gentlemen* y *gentlewomen*! Pero esta idea suele ser más ficción que realidad. Lo normal es que seamos cabezones, inflexibles, cerrados de mente y pésimos conversadores.

Y es que a casi todos nos invade a veces la absurda necesidad de tener razón, y hacemos el ridículo intentando imponernos en las conversaciones.

A los más grandes cabezones los conocí en el lugar donde

crecí, el barrio proletario de Horta, en Barcelona. De niño, de vez en cuando me mandaban a comprar a un bar, a uno de esos garitos de barra metálica y suelo alfombrado de colillas.

Y allí, de pie frente a la barra, copa en mano, dos hombres con índices culturales por debajo de cero discutían acaloradamente sobre algún tema. Por supuesto, se trataba de chusquería etílica, un torrente de necedades. Eso sí, muchos buscaban allí la estúpida satisfacción de «tener razón».

Todos sabemos distinguir al borrachuzo iletrado, pero no tanto a nosotros mismos cuando nos ponemos igual. En este capítulo aprenderemos a dejar de comportarnos como ridículos listillos de bar.

En una ocasión conocí a una mujer extraordinariamente bella: Camila. Era venezolana y trabajaba en Barcelona como matemática especializada en finanzas. Tenía una tez maravillosa, con algo de mezcla indígena. Era alta y esbelta, y su cabello lacio le caía de forma increíblemente elegante sobre los hombros. Era un pibón en todos los sentidos.

Pero, tras intimar un poco, se reveló como una gran cabezona. Tenía una compulsión constante por sentenciar en todas y cada una de sus opiniones. La verdad es que era un hábito muy pesado y una lástima, porque era una persona fascinante, pero se ponía áspera con esa tonta manía de tener razón.

Así que opté, en una cena frente a frente, por explicarle lo siguiente:

—¿Sabes? En inglés existe una palabra fantástica que falta en nuestro diccionario. Es el término *opinionated*. ¿Lo conoces?

—No. ¿Qué significa? —preguntó con sus espectaculares ojos de color avellana.

—*Opinionated* es la persona que defiende sus ideas de una forma demasiado brusca, que se pone cabezona. Es un concepto negativo —expliqué con aire divertido y amable.

—Ummm. ¿Y? —preguntó ella sonriendo.

—Pues, cariño, que hay veces que te pones muy *opiniona-ted* y me encanta lo guapa que estás cuando lo haces.

Camila sonrió mostrando sus blanquísimos dientes, que contrastaban deliciosamente con su piel morena.

—Sí. A veces soy un poco cabezona, como tú dices —dijo coquetamente mientras bebía de su copa de vino.

—Pues cada vez que te pongas *opinionated*, te voy a dar un beso —dije levantando el torso por encima de la mesa para besarla en los labios.

A lo largo de aquella cena la besé unas diez veces, cada vez que se ponía *opinionated*. Y a cada una de ellas, Camila sonreía divertida mientras aprendía a verse en el espejo de la tozudez.

Después de aquel episodio, que ocurrió hace unos años, siempre que yo mismo me he puesto *opinionated* le he pedido a mi pareja que me señale el error con un beso. Y puedo decir que, cada día, lo hago menos.

He aprendido a escuchar al otro, a no querer tener razón siempre, a dejar la puerta abierta a su verdad. Y creo que Camila, con su exagerada cabezonería, fue mi mejor maestra. Al ver a una persona deliciosa afearse de esa forma entendí que es estúpido querer tener razón a costa de estropear el ambiente.

Cuesta creer que tantas parejas estropeen sus relaciones por la tontería de querer tener razón. Es solamente un hábito, pero es capaz de amargarnos la convivencia y hacernos pensar que «no somos compatibles».

En mi consulta he conocido a muchas parejas así, y la mayor parte de ellas en realidad se amaban, tenían muchísimo en común y podían llegar a ser muy felices juntos. Pero la tozudez convertía esas relaciones en una pelea continua.

Aprendamos el noble arte de conversar, de apoyarnos y darnos cariño. Querer tener razón es de borrachuzos; comprender las razones del otro es de seres adorables y cultivados.

En este capítulo hemos aprendido que:

Existen cuatro habilidades fundamentales para una relación larga y hermosa:

1. Forjar la unión resolviendo problemas.
2. El núcleo afectivo.
3. La unión multiproveedora.
4. Dejar de ser *opinionated*.

- Los desencuentros son una oportunidad necesaria para hacer la relación más íntima.
- El núcleo afectivo es la sensación de apoyo y cariño incondicional que se da, todos los días, a través de unas caricias o una charla cómplice.
- Es esencial no dejar NUNCA esas expresiones de apoyo y afecto, aunque se esté enfadado o se tengan hijos celosos.

- La unión multiproveedora implica querer satisfacer las necesidades de la pareja, y nunca ver esas necesidades como amenazas.
- Los miembros de la pareja multiproveedora son muy generosos y crean una abundancia espectacular para ambos.
- Ser *opinionated* significa ser cerrado de mente y pésimo conversador.
- Ser *opinionated* impide el maravilloso arte de la charla entre personas.
- Todos podemos dejar de ser *opinionated* gracias a un entrenamiento adecuado.

14

Influir fácilmente en los demás

El rabino Yosef había visitado una ciudad en la que tenía muchos seguidores y ya se disponía a regresar a casa. Sus fieles le quisieron acompañar durante un trecho. Pero justo cuando su carruaje había atravesado las puertas de la ciudad se bajó y le pidió al cochero continuar sin él. El rabino se mezcló entre los discípulos.

Todos le preguntaron:

—¿Por qué hacéis eso, rabí?

Y éste respondió:

—¡Al ver la devoción con que me acompañáis, no he querido perderme tan buena acción!

Este cuento quiere expresar una sutil enseñanza: las virtudes aportan grandes beneficios al que las practica. Ése es su principal sentido. Si queremos que alguien cambie, habrá que mostrarle esas magníficas ganancias.

En el mundo de la pareja he oído muchas veces la siguiente expresión: «¡Me quería cambiar, transformarme en otra persona, y eso no lo podía tolerar!».

Existe la idea de que no es bueno querer «cambiar» a alguien. Sin embargo, yo estoy convencido de lo contrario; esto es, creo que conviene influir en los demás. Es lo natural y facilita la convivencia.

Incluso diría que las buenas relaciones son aquellas en las que se da una transformación hermosa de ambos: cambiar dulcemente y dejarse transformar, aprender y permitir que nos enseñen; modelarnos mutuamente para convertirnos en personas mejores.

Esta hermosa educación mutua es básica para cualquier relación, pero en el ámbito de la pareja se revela mucho más importante ya que nuestro cónyuge es la persona con la que más convivimos, con la que más construimos.

Recuerdo que cuando era joven la primera vez que compartí piso aprendí algunas valiosas claves de convivencia que son ejemplos de transformación común.

Empezamos a vivir cuatro personas en un gran apartamento del Eixample de Barcelona: mi amiga Clara, Emilio y su novia, y yo. Éramos jóvenes y energéticos. Se trataba de un piso de ciento cincuenta metros cuadrados de esos antiguos, con techos altísimos. Una preciosidad.

La convivencia fue de maravilla excepto por un tema que suele afectar a muchos compañeros de piso: ¡la limpieza! Durante el primer mes nos organizamos muy bien, pero transcurrido ese tiempo llegaron los problemas. Nos habíamos repartido las tareas, pero invariablemente algunos se retrasaban y había que llamarles la atención.

Además, había discrepancias en los criterios de higiene. Por ejemplo: «¿Cuándo hay que lavar los platos: nada más comer o se pueden dejar hasta el día siguiente?».

En un momento dado, nuestra relación entró en una pequeña crisis y se crearon dos facciones. Por un lado, el grupo de los solteros: Clara y yo. Y por otro, el de los novios. Los solteros nos quejábamos del desorden de la pareja y ellos de nuestra intolerancia y nuestras malas formas a la hora de decir las cosas.

Pero, por suerte, muy pronto encontramos la solución: crear un panel de reparto de tareas y colgarlo en la cocina. Confeccionamos una definición clara de cada tarea y la fecha en que se debía completar. Y después de realizado el trabajo, el responsable del mismo dibujaba un aspa en el recuadro correspondiente.

A partir de entonces todo fluyó de maravilla y yo me volví fanático de los cuadros de reparto de tareas. En todos los pisos que he compartido después he convencido a todos de la necesidad de tener uno.

Este ejemplo es una demostración de que las relaciones requieren aprendizaje mutuo. Los cuatro compañeros de aquel piso aprendimos una estrategia de convivencia que emplearíamos durante el resto de nuestra vida.

Si nos fijamos bien, en cualquier buena relación se da una influencia o un aprendizaje: con los compañeros de trabajo, de viaje... Precisamente en los viajes estamos más dispuestos a aprender los unos de los otros: cómo coger el metro en Tokio o interpretar los mapas de carreteras. Cuanta más adaptación y aprendizaje mutuo, más hermosa y divertida es la experiencia.

Definitivamente, con la pareja hay que estar dispuesto a aprender y dejarse enseñar: como dos buenos compañeros de viaje que recorren el mundo, lleno de aventuras y dulce crecimiento.

Tres «P» del cambio

Pero con frecuencia somos muy malos a la hora de influir en los demás, de ayudar a transformarlos. Y solemos cometer cuatro fallos fundamentales:

a) Queremos que la gente nazca enseñada.
b) Pedimos el cambio instantáneo.
c) Nos falta confianza en las buenas intenciones de la gente.
d) Somos malos vendedores.

Estos cuatro errores son verdaderas barreras para el cambio. Pero si los superamos, nos volveremos campeones en el terreno de las relaciones personales, sobre todo de pareja.

Y, precisamente, para superar esas barreras nos convendrá aprender a usar las tres «P» del cambio:

1. Persuasión.
2. Pedagogía.
3. Perseverancia.

1. Persuasión

Muchas veces deseamos que las personas cambien, principalmente por su bien. Otras veces, por el bien común. Y otras, sólo por nosotros. Pero casi siempre se trata de algo justo que beneficiará a todos.

Los padres, por ejemplo, desean que sus hijos saquen

buenas notas y que se labren un buen porvenir. Sólo por ellos. También quieren que colaboren en casa y eso va en beneficio de todos. Y, por último, desean que los cuiden de mayores y consideran que eso es un acto de justicia.

Pero en los tres casos solemos cometer el error de tratar de imponer nuestro deseo. Y eso, por muy legítimo que sea —¡aunque sea en beneficio del otro!—, no suele funcionar.

Ante las exigencias, las personas sólo reaccionan bien de forma temporal y, aun así, casi nunca se trata de cambios profundos y mantenidos en el tiempo.

Los seres humanos sólo nos transformamos si estamos convencidos de ello, si realmente vemos grandes ventajas en determinado cambio. De lo contrario, todo queda en agua de borrajas.

Existía un lema republicano durante la Guerra Civil española que decía: «Ganaréis pero no convenceréis», y lo podríamos parafrasear aquí diciendo: «Cariño, si queremos ganar, tenemos que convencernos el uno al otro».

¡Me niego a cruzar el río!

Hace tiempo me ocurrió una anécdota que ejemplifica muy bien la necesidad de «convencer» y no «imponer» en las relaciones (sobre todo de pareja).

Un fin de semana largo me hallaba con mi novia de aquella época, Carla, de excursión por mi querida sierra de Guara, en Huesca.

Habíamos pasado dos días maravillosos, y para el tercero y último teníamos planificada una ruta bellísima por las inmediaciones del río Vero. Nos esperaba el espectáculo de unos cañones enormes, las aguas esmeraldas del río y unas majestuosas aves rapaces volando cerca de nuestras cabezas. Eran días soleados de abril: un goce completo.

Pero durante el tercer día, en medio de mi hábitat preferido, la montaña, tuve un ataque de neurosis que derivó en un perfecto ejemplo de «imposición» en vez de «persuasión».

Llevábamos dos horas de caminata cuando nos topamos con el río. Tenía unos diez metros de ancho y, aunque poco profundo, había que cruzarlo: nos tocaba descalzarnos y mojarnos los pies.

Pasé yo primero. Me descalcé y crucé. Ufff, la verdad es que entre la temperatura gélida del agua y el fondo tapizado de piedras punzantes, me dolían a muerte los pies. Pero, como un machote, pasé lo más rápido que pude.

Carla se quedó al otro lado, mirándome preocupada.

—¿No me dirás que «hay» que pasar por ahí? —dijo.

—Claro, cariño. ¡Está congelada! Pero no lo pienses y cruza.

—¡Yo no paso ni loca! —me espetó de repente.

Al principio creía que era broma. Así que repliqué con una salida graciosa, pero su semblante no cambió.

—¡De verdad que no voy a pasar, Rafael! —insistió malhumorada.

Al final cruzó con unas muecas horrorosas de dolor.

Yo le dije:

—Carla, cariño, esto no es nada; no te quejes tanto.

—¿Cómo que no me queje? ¡Me tenías que haber avisado, y habría traído unas chancletas o algo así! —afirmó.

—Cariño, me olvidé, pero no pasa nada. El frío va muy bien para la circulación —me defendí con una sonrisa.

—¡Esto no me lo hagas más! —dijo enfadada.

—Pues, cariño, en esta ruta todavía hay que pasar el río cuatro veces más —advertí.

Y claro, a Carla no le hizo ninguna gracia el plan. En ese momento se negó a seguir. Y yo activé neuróticamente la imposición:

—¿Cómo que no? ¡Pero si esta excursión es la más fácil del mundo! ¡Si la hacen hasta los niños! ¿Qué vamos a hacer si damos marcha atrás? ¡Ya no hay tiempo de buscar otra ruta!

—No lo sé. Pero yo me niego a cruzar más ríos. Llámame «quejica», pero no estoy acostumbrada a esto y no me apetece este rollo —dijo con los dientes apretados.

Y en aquel momento se me cruzaron los cables. A mi mente neurótica le parecía intolerable su actitud, y le dije:

—¡Pues tú decides! ¡Si quieres, damos por acabada la ruta, pero no podré llevarte a ninguna excursión más! Porque si no eres capaz de este mínimo esfuerzo, yo no me arriesgo a que me dejes colgado por una tontería.

Carla accedió a seguir, pero decidió pasar los ríos con las botas puestas. Yo, por mi parte, apreté el paso y la dejé a unos metros detrás de mí todo el rato.

Por dentro, ambos íbamos quejándonos, ya abiertamente enfadados.

Al final completamos toda la ruta, pero se arruinó el placer de caminar por la montaña. A partir del enfado, ya no atendimos a las maravillas que nos rodeaban. Estábamos demasiado ocupados acumulando argumentos en contra del otro.

Cuando nos metimos en el coche para volver no nos hablábamos.

Pero durante los primeros minutos de conducción tuve la

sensatez de recordar el «principio de la persuasión» y pensé: «Pero, Rafael, ¿cómo te has puesto tan cabezón? Carla tenía todo el derecho a no querer pasar ningún río. Y tu imposición ha arruinado el día».

En ese momento detuve el coche en un arcén y le propuse hablar del asunto. Me disculpé y le prometí que intentaría no imponer nada nunca más. Como le dije: ¡ella era mucho más importante que ninguna excursión!

Carla me dio un beso y regresamos a la carretera felices como perdices.

La pobreza de la imposición

La imposición y la exigencia ofrecen muy malos resultados. Y eso sucede porque cuando detectamos que nos quieren imponer una idea, nuestra mente lee: «¡Atención, se quieren aprovechar de nosotros!».

La imposición nos pone en guardia de forma automática, directamente en contra.

Y las pocas veces que la «exigencia» funciona, como en el caso de Carla en la montaña, deja al vencido con un ánimo muy contrariado. Además, la «imposición» no es motivadora: dudo que así, en el futuro, Carla se hubiese convertido en una entusiasta montañera.

Por lo tanto, seamos objetivos:

- La imposición (entre adultos) da unos resultados muy pobres.
- Daña el buen ambiente (ya que es una forma de agresión).
- Y no promueve cambios entusiastas y a largo plazo.

Por eso es tan importante aprender a «persuadir», convertirnos en expertos «vendedores» de ideas: ¡constructivas, hermosas, felices!

De hecho, creo que ninguna sugerencia debería carecer de estas tres características:

- Plantearse como hermosa.
- Ser constructiva.
- Encuadrarla en un ámbito de felicidad.

Imaginemos la misma escena con Carla, pero esta vez empleando la estrategia de la persuasión.

Recordemos el momento crucial, en el que ella se negó a pasar más ríos y abogó por dar la vuelta. Yo dije:

—*¿Cómo que no? ¡Pero si esta excursión es la más fácil del mundo! ¡Si la hacen hasta los niños! ¿Qué vamos a hacer si damos marcha atrás? ¡Ya no hay tiempo de buscar otra ruta!*

—*No lo sé. Pero yo me niego a cruzar más ríos. Llámame «quejica», pero no estoy acostumbrada a esto y no me apetece este rollo —dijo con los dientes apretados.*

Ése era el momento de la «persuasión»:

—Vamos a sentarnos un momento, cariñín. ¿Cómo tienes los piececitos? Entumecidos, ¿no? ¿A ver? ¿Y las pantorrillas? —le diría dándole un ligero masaje en los pies.

—¡Es que, Rafael, te has pasado! ¡Y ahora me dices que hay que pasar el río cuatro veces más! —replicaría Carla.

—No te preocupes. ¡Vamos a volver al coche y haremos cualquier otro plan! Aunque es una lástima porque hay un paisaje extraordinario más adelante. ¡Es un sitio ideal para hacer una boda!

—Jaja. ¡Qué cara tienes! ¡Ahí te vas a casar tú con tu tía, conmigo ni de coña! —me diría riendo.

—Jaja. Pero en serio, Carla, esta ruta es un pasote. Y yo, después de cada cruce de río, me comprometo a hacerte un masajito en los pies para que se te pongan duros como una montañera de pro. ¿Qué tal?

—Pero, cariño, no estoy acostumbrada a esto, jopetas —aduciría Carla con un tono ya más amable.

—Pero la montaña te pondrá muy fuerte. Estarás preparada para cuando hagamos una ruta por el Himalaya. Hay una ruta de cinco días muy famosa que me han dicho que es brutal.

A Carla le apasionaba viajar. Así que la idea de proyectar un viaje juntos habría activado su ilusión.

Esta estrategia persuasiva lo habría resuelto todo. Y no sólo eso: a la larga, habría convertido a Carla en una experta montañera.

Pero fijémonos en que el ejemplo de persuasión expuesto emplea los tres componentes de una buena «venta». Expresa ideas:

- Hermosas (o buenas).
- Constructivas (a largo plazo).
- Felices (y se expresan con alegría).

Ser un gran vendedor

Para dominar el arte de las relaciones humanas hemos de practicar hasta automatizar nuestra capacidad de persuasión.

No nos han enseñado a hacerlo, así que nos tocará aprenderlo ahora. Tristemente, nuestra tradición educativa está llena de imposiciones.

Creo que el mejor método para aprender a persuadir es imaginarse que somos vendedores en unos grandes almacenes. ¡Y que somos los mejores del mundo! Podemos conseguir que el cliente compre el producto de forma que lo desee con todas sus fuerzas.

En el ejemplo de Carla, la persuasión perfecta habría hecho que sus ojos brillasen de emoción ante la idea de pasar ríos: «¡Uau, me estoy convirtiendo en una intrépida montañera (y poniéndome buenorra)!».

La buena persuasión consigue eso: que el otro desee con todas sus fuerzas lo que proponemos. Que haga suya la idea.

Otra vez la renuncia

La persuasión demanda saber aplicar el instrumento regio de la felicidad: la renuncia. Ya hemos hablado de ella. Sólo la disposición a renunciar a algo —si fuese necesario— nos dota de completa capacidad para conseguirlo.

En una interacción ideal con Carla, yo tendría que haber estado dispuesto a abortar la excursión e irnos a tomar unas cervezas al pueblo más cercano. De forma sincera y sin fisuras. Porque así ella habría captado que no quería imponerle nada.

Sé que la «renuncia» es antiintuitiva. No parece que sea una buena estrategia para conseguir algo; sin embargo, lo es. Y la única forma de que el otro capte que no estamos aprovechándonos de él es ser capaz de renunciar, de darle realmente la opción de escoger, sin malos rollos, con alegría.

Sólo así comprenderá que lo que proponemos es también en su favor.

Cuando intentamos persuadir —con la «renuncia» a mano— no siempre conseguimos lo que nos proponemos, pero sí en un 80 % de las veces. Por el contrario, con la exigencia o imposición sólo conseguimos un magro 20 %, con un gran coste emocional.

Además, estamos contagiando al otro para que cuando le llegue el turno se ponga a exigir, tal como ha aprendido de su «maestro».

Yo intento no «exigir» nunca nada a nadie. Pero a veces fallo, sobre todo ante desconocidos. ¡Qué se le va a hacer! Entonces suelo fracasar y amargarme la vida. Los otros me toman por el pito del sereno y, encima, me cabreo. A pesar de todo, voy mejorando a base de practicar y practicar.

Pero si hay un ámbito en el que es importante mejorar nuestra capacidad de influir en los demás es en el de la pareja. Recordemos que es la relación más importante de nuestra vida. Aquí, más que en ninguna otra área, vale la pena trabajar e invertir en la «renuncia» para conseguir que la relación florezca y dé hermosos frutos.

2. PEDAGOGÍA

La segunda herramienta del cambio que no nos enseñan en las escuelas es la «pedagogía»; esto es, crear sistemas de aprendizaje divertidos y fáciles.

Somos tan antipedagógicos que solemos pensar que el otro «¡YA DEBERÍA SABER HACERLO!»; es decir, damos por hecho que nuestra pareja —o quien sea— sabe hacer las tareas, cuando en realidad no es así casi nunca.

En una ocasión vino a verme una mujer con la queja de que sus hijos pequeños la llevaban «por la calle de la Amargura». En una de las sesiones llegó especialmente alterada y revisamos su capacidad pedagógica. Yo estaba seguro de que no era muy buena.

—Cuéntame algún ejemplo —le pedí.

—Ayer volvíamos del colegio y, al salir del coche, Claudi llevó arrastrando el anorak por toda la calle.

—¿Y qué le dijiste? —pregunté.

—¡Ponte el anorak, haz el favor! ¡Te lo he dicho mil veces! ¡Me vais a matar un día de éstos! —respondió imitando su voz alterada.

—Primero: analicemos la cuestión. ¿Por qué crees que Claudi no lleva puesto el anorak como tú le aconsejas? —pregunté.

—Porque sale escopeteado del coche y no se fija —respondió enseguida.

—La clave es que Claudi no sabe llevar el anorak fuera del coche sin arrastrarlo. Hay que enseñarle a hacerlo.

Entonces, juntos, diseñamos un método pedagógico para «aprender a llevar el anorak colgando». Tenía tres posibilidades:

a) El sistema italiano: cogido con el dedo por detrás de la espalda. Inspirado en el estilo seductor del italiano medio, este sistema es ideal para pasear por zonas donde haya niñas guapas.

b) A lo *garçon*: inspirado en la elegancia sobria del francés, se dobla el anorak por la mitad y se lleva colgando del brazo, como los camareros portan los paños. Es un estilo indicado para momentos señalados.

c) El *californian style*: atando las mangas a la cintura. Es el más deportivo porque deja las manos completamente libres. Sólo indicado con prendas resistentes y antiarrugas.

Mi paciente reía abiertamente. Ya se imaginaba haciendo un pase de modelos ante sus hijos.

Y, en efecto, llevó a cabo varios sábados de prácticas para «aprender a llevar el anorak colgando». Los niños repitieron, una y otra vez, la salida del coche con el anorak a la italiana, a la francesa y a la americana. Estoy convencido de que no olvidarán en su vida esa divertidísima lección.

Aunque no lo parezca, ¡los seres humanos no nacemos enseñados! Y la mayor parte de las tareas las hemos aprendido poco a poco, casi sin darnos cuenta, a través de una enseñanza gradual.

El problema es que, una vez aprendido, olvidamos el proceso y creemos que el otro debería saberlo hacer tan bien como nosotros.

Por ejemplo, aprender a conducir no fue fácil: ¡qué lío mirar por los espejos y, al mismo tiempo, coordinar los pedales y todo lo demás! Pero, poco a poco, y con un buen profesor, terminamos dominándolo. Ahora nos parece cosa de niños, pero no fue tan rápido.

La psicología cognitiva nos enseña a no dar nunca por sentado que la gente no cambia porque no quiere. Es mejor preguntarse: «¿Será por que no sabe?».

Aprender a ser puntual

Muchas veces he trabajado el tema de la puntualidad con mis pacientes. Y es que hay muchas personas con dificultad para ser puntuales. Las hay que se demoran siempre unos veinte minutos. Es como una maldición. ¡Algo mágico las hace ser impuntuales! ¿Qué será?

Si analizamos un poco la cuestión, fácilmente llegaremos a la causa —que no es mágica— y podemos proponer una solución. Pero, como siempre, habrá que focalizarse en la pedagogía si queremos cambiar a esas personas.

A todos los impuntuales les propongo un proceso de aprendizaje basado en las tres «P»: persuasión, pedagogía y perseverancia.

Primero veamos por qué las personas impuntuales llegan tarde. El motivo de base es que tienen cierta aversión a estar inocupadas. Apuran la salida de casa para llegar justo a tiempo y no tener que esperar en el lugar del encuentro.

Se trata de algo semiinconsciente: no es algo que tengan previsto o estudiado. Simplemente, lo hacen sin reflexionar.

La solución para que cambien es, como siempre, empezar por la persuasión, «vender la moto». Yo les suelo decir:

—Tengo el secreto para volverse una persona perfectamente puntual. ¡Más puntual que Phileas Fogg en *La vuelta al mundo en 80 días*! ¡Puntualidad británica superfácil y definitiva! ¿Quieres que te lo revele? Es infalible.

Recordemos que es básico emocionar a la persona, motivarla y transmitirle que el cambio va a ser maravilloso. Cuanto mejor lo hagamos, mayor éxito tendremos.

—Pues el secreto para llegar siempre puntual es... ¡LLE-GAR SIEMPRE VEINTE MINUTOS ANTES!

Efectivamente, ésa es la solución. Algo que yo practico desde hace muchos años.

Si tengo que ir al dentista, por ejemplo, llego con veinte minutos de anticipación y busco una cafetería cercana. Allí, tranquilamente, pido un café y leo el periódico hasta que quedan cinco minutos para la cita.

La «llegada anticipada» consigue compensar los típicos imprevistos que surgen en los traslados: que haya mucho tráfico, que se estropee el autobús, que me deje algo y tenga que volver a por ello.

Los veinte minutos de anticipación nos permitirán superar la mayor parte de esos problemas inesperados.

Y otra ventaja es que, con mucha anticipación, los traslados se convierten en algo gratificante. Con tanta antelación podemos relajarnos escuchando música, leyendo un libro o lo que sea. Antes de salir hacia cualquier cita nos prepararemos para disfrutar de un fantástico ratito de ocio. ¡Qué dulces y agradables son ahora los traslados y, además, siempre llegamos a tiempo!

Por cierto, lo mismo hago en los aeropuertos o las estaciones de tren. Me encanta llegar con mucho tiempo y visitar la librería o tomarme un café mientras escribo unos textos para mi Facebook.

Tengo la satisfacción de haber transmitido el secreto de la puntualidad a cientos de personas. ¡Ser puntual es mucho más fácil de lo que parece, aunque requiere una técnica simple pero certera: «la llegada anticipada»!

Por extraño que nos pueda parecer, nuestros amigos impuntuales:

a) No son así por mala fe o desidia.

b) Sólo necesitan un método de cambio.

¡Seamos facilitadores del cambio! Podemos enseñarnos los unos a los otros para disfrutar más de la vida y construir las mejores relaciones del mundo.

3. PERSEVERANCIA

Un hombre decidió cavar un pozo en un terreno que poseía. Eligió un lugar y profundizó hasta los cinco metros, pero no encontró agua. Buscó otra localización y se esforzó hasta los siete metros, pero tampoco encontró nada. Decidió probar una tercera vez en otro sitio y cavar aún más, pero cuando llegó a los diez metros concluyó que en ese terreno no había agua y que lo mejor era venderlo. Y así lo hizo.

Al cabo de un tiempo fue a visitar su antiguo terreno y se encontró con un hermoso pozo.

—Amigo, mucho habrás tenido que cavar para encontrar agua. Recuerdo que yo cavé más de veinte metros y no encontré nada —dijo el antiguo propietario.

—¡Pues yo sólo cavé doce metros! Pero a diferencia de ti, siempre lo hice en el mismo sitio —contestó el nuevo dueño.

Ya hemos visto que querer imponer el cambio es desconocer la naturaleza humana, porque la exigencia, simplemente, no funciona. Los seres humanos no respondemos bien a ella. Por eso el primer punto de nuestro método es la «persuasión».

Pero es que, además, cuando nos acostumbramos a «imponer», nos desacostumbramos a «enseñar»; es decir, no desarrollamos la habilidad de la «pedagogía». Nos volvemos personas poco diestras en el arte de la enseñanza.

Y el último punto, la última «P» de nuestro método, es la «perseverancia». Porque nadie aprende de la noche a la mañana, por arte de birlibirloque. Todos necesitamos cierta práctica a la hora de adquirir un hábito.

El pequeño Claudi se acostumbró a coger el anorak sin arrastrarlo después de varios sábados de práctica continuada.

Durante las primeras semanas de aprendizaje su madre tenía que morderse la lengua y permitir los fallos. Eso sí, seguidamente tenía que planificar tantos sábados de entrenamiento como fuesen necesarios hasta que él, por sí mismo, ya no arrastrase el anorak.

La perseverancia es la madre de cualquier logro que valga la pena. ¡Un poquito de continuidad hace milagros!

Millones de personas han asistido al increíble evento de tocar su primera pieza musical al piano: parece magia que nuestras manos se muevan con independencia para producir esa maravillosa música. Y lo que sorprende es que no es tan difícil: con sólo un poquito de práctica diaria, las manos aprenden solas a tocar las teclas.

La asignatura del botón

En mis queridas escuelas Montessori, de las más avanzadas y racionales que existen, saben aplicar muy bien la estrategia de las tres «P» para el cambio. Maria Montessori, médica italiana de principios del siglo xx, sabía que la transformación es fácil si la proponemos desde esta óptica natural y amable.

En sus escuelas, por ejemplo, tienen asignaturas como «Aprender a abotonarse la bata». Los niños más pequeños ensayan, una y otra vez, cómo introducir el botón en el ojal. Poco a poco, con cariño. Un día tras otro.

Cuando por fin consiguen hacerlo con toda destreza, ¡qué orgullo sienten! Ya no permitirán que sus padres les abotonen la chaqueta nunca más. Su caritas de satisfacción son maravillosas, y sus ganas de seguir aprendiendo, enormes.

¿Nos parece hoy innecesaria la «asignatura del botón»? ¡Para nada! La dulce perseverancia es una de las más importantes claves del cambio. No lo olvidemos nunca.

Los resultados serán inesperados: unos avances jamás vistos y un nuevo dominio de las relaciones personales.

Psicólogos que limpian baños

Durante la época en que colaboraba en un programa de Televisión Española, *Para todos La 2*, atendí a un divertido ejemplo de cómo NO saber influir en los demás. En todos los baños de los estudios de Sant Cugat, el sindicato de trabajadores había colgado el siguiente cartel:

AL CERDO QUE DEJA EL VÁTER HECHO UN ASCO

CADA VEZ QUE LO USA:

¡ESTO NO ES TU POCILGA! LOS COMPAÑEROS QUE TIENEN QUE

LIMPIAR TU MIERDA NO SE MERECEN TU MALA EDUCACIÓN.

¡HAZ EL FAVOR DE DEJAR EL LAVABO COMO LO ENCONTRASTE!

Estas estrategias exigentes, por muy buenas intenciones que tengan, no suelen funcionar. Y además nos meten en un mundo de reproches y exigencias mutuos.

Como contraejemplo explicaré la estrategia que impulsamos en mi centro de psicología en un caso parecido.

En los despachos que compartimos mis compañeros psicólogos y yo, en Barcelona y en Madrid, tenemos unos baños comunes, tanto para los pacientes como para los terapeutas.

Son unos lavabos amplios y cómodos, y se limpian a fondo una vez a la semana.

En un momento dado surgió un problemilla porque, en ocasiones, había pacientes que los dejaban sucios tras utilizarlos. Algunos de los terapeutas sugirieron que teníamos que pedir a los encargados de la limpieza que viniesen cada día a limpiarlos.

Pero a mí se me ocurrió algo mejor: durante la semana podíamos hacerlo nosotros. ¿Por qué? Porque somos muchos y, con un poquito de esfuerzo, podríamos mantenerlos constantemente impolutos. Ahorraríamos dinero y, además, haríamos algo en común.

Y a la hora de plantear mi posición no caí en la tentación de imponer mi idea sino que intenté emplear las tres «P» para el cambio. Escribí la siguiente nota a mis compañeros terapeutas:

Queridos/as amigos/as:

Sobre el asunto del baño que hemos estado debatiendo últimamente, tengo una idea que creo que os molará mucho. Al principio podrá parecer chocante, pero las ventajas pueden ser muy grandes.

Propongo que, durante la semana, nos encarguemos nosotros de los lavabos en vez de aumentar el servicio de limpieza contratado. ¿Por qué? Porque nosotros somos muchos y entramos constantemente. Entre todos, nuestra frecuencia de paso es muy alta. De tal manera que podemos ser los mejores vigías del estado de higiene del váter.

Si cada vez que lo visitamos le damos un repasito con los utensilios que guardamos en los armarios, serán los baños más limpios de la historia de todos los centros de psicología.

Sé que limpiar baños puede parecer desagradable. Pero Gandhi, que es uno de nuestros héroes, disfrutaba haciéndolo. Cuando montó su primer *ashram* en Sudáfrica sugirió que todos hiciesen todas las tareas rotativamente: cocinar, cultivar alimentos y limpiar; sí, incluso las letrinas.

Su esposa, al principio, se negó a hacerlo, especialmente limpiar las letrinas de los intocables. Pero él la convenció de que la sociedad más hermosa es la más igualitaria.

Nosotros podremos enorgullecernos de tener muy limpios los baños de nuestro lugar de trabajo. Un detalle bonito hacia nuestros pacientes y hacia el mundo.

En este email subrayé, además, que cada uno era libre de participar o no en esta iniciativa, de beneficiarse de esta hermosa realización.

De esto han pasado ya unos años y prácticamente no hemos vuelto a hablar del asunto. Los lavabos se mantienen prístinos, ¡como por arte de magia!

En resumen, «persuasión, pedagogía y perseverancia»: las tres herramientas que nos convertirán en maestros de la influencia sobre los demás.

En este capítulo hemos aprendido que:

- Transformarse los unos a los otros es bueno.
- Las tres «P» del cambio son: *a)* persuasión; *b)* pedagogía; *c)* perseverancia.
- La persuasión consiste en convencer de que el cambio es ¡genial!
- La pedagogía es ofrecer una vía de aprendizaje fácil.
- La perseverancia es la necesidad de ensayo e insistencia.

Ejercicios de la Segunda parte

Sacarse los complejos de forma radical

Imagina que eres un activista a nivel internacional, como lo fue Gandhi, y tu misión es agrandar el círculo de personas que valoran el amor por encima de todo (frente a las cualidades trampa como la belleza, la inteligencia o la eficacia).

En tu visualización viajas por el mundo dando charlas sobre esta actitud y escribes artículos en periódicos que son un bálsamo para los demás.

Visualiza que muchísimas personas te admiran por ello, te agradecen tu trabajo y te consideran la persona más interesante y sexy del mundo.

Imagina que llegas a los últimos años de tu vida y eres un anciano. Y sigues con ese activismo alegre e infatigable. Te sientes orgulloso de tu legado anticomplejos. Muchas personas te agradecen tu labor y te felicitan por lo mucho que las ayudas. Todas ellas —quizá miles— forman parte de tu familia interior. Y te sientes pleno y feliz.

Sentirse cómodo en cualquier lugar

Estas visualizaciones se pueden hacer en un momento de incomodidad o, de manera rutinaria, como ejercicio estándar para ganar músculo emocional. En este último caso, basta con cinco o diez minutos de trabajo imaginativo. Yo lo suelo llevar a cabo mientras nado por la mañana.

PRIMERA VISUALIZACIÓN EN LA INCOMODIDAD

Visualiza que eres un gran viajero que da la vuelta al mundo con su mochila a la espalda. Te levantas temprano, viajas en trenes y aviones y te lo pasas genial. Tienes un diario de tus aventuras que vas colgando en internet para que te sigan tus fans, amigos y familia. ¡Aquí va una foto junto al Taj Mahal y otra allá en Times Square! En tu cara, expresiones de realización y felicidad.

Tu viaje no es especialmente cómodo. Sí, hay momentos de descanso —una cerveza o una ducha al final de la jornada—, pero en general hay mucho pateo, bastante frío y calor, algunas largas esperas... pero todo eso da igual: te sientes increíblemente vivo. ¡Estás genial!

SEGUNDA VISUALIZACIÓN DE LA INCOMODIDAD

Visualiza que eres un cirujano y que disfrutas mucho de tu trabajo. Durante la semana pasas visita en un hospital, y algunos fines de semana se te van operando sin cesar. Te encanta lo que haces y no te importa trabajar tanto. Te llena de satisfacción poder ayudar a la gente y ser cada día mejor médico.

Incluso, algunos períodos de tus vacaciones te vas a un país del Tercer Mundo a ejercer de manera gratuita. Allí un equipo de enfermeras y médicos disfrutáis, en fantástica hermandad.

Trabajas mucho, pero lo haces gozando. ¿Dónde queda la presunta incomodidad? ¡En ningún lugar! Te das cuenta de que ni siquiera existe: que todo son oportunidades de disfrutar.

Ser atrayente para los demás

Este ejercicio tiene como objetivo ir alcanzando mayor fluidez en las interacciones hasta llegar a ser personas carismáticas de forma natural.

Se trata de la llamada «meditación para capturar la esencia buena de la gente».

Cuando camines por la calle, a partir de ahora, fíjate en la gente e imagina que tienes una gran relación de fraternidad con ella. Hazlo con todo el mundo, pero especialmente con aquellos que te parecen más huraños.

Para esos *looks* difíciles, para las «personas malcaradas», visualiza que te los llevas contigo, de alguna forma, a colaborar en un proyecto solidario en África. Vivís en comunidad, y esa persona que parecía tan antipática cambia y se vuelve uno de los voluntarios más amables de la organización.

El propósito de esta visualización es alcanzar a ver que

todas las personas tenemos un corazón hermoso, aunque a veces se encuentre escondido a causa de la locura o la confusión. Pero todos podríamos sanar de esa neurosis, como se ha demostrado tantas veces.

Si nos esforzamos en ver a todo el mundo como bueno, como hipotéticos hermanos, nos abriremos a ese concepto llamado «Aceptación Incondicional de los Demás», algo esencial en psicología cognitiva. A partir de ahí, las interacciones serán más fáciles y agradables.

TERCERA PARTE

Psicología conductual
y *mindfulness*

Advertencia

Esta última parte del libro hace referencia a un conjunto de técnicas complementarias conductuales.

Su objetivo es eliminar el llamado «trastorno de ataques de ansiedad», un problema que afecta en España a casi un 10 % de la población.

Se trata de un tipo especial de temor: el «miedo al miedo», el cual no es tan susceptible de ser razonado como el resto de las emociones negativas.

Por lo tanto, estas herramientas serán muy útiles en los casos de emociones intensas, rápidas y no pensadas.

15

Stop a los ataques de ansiedad

Un grupo de discípulos le preguntó una vez a su maestro:
—¿De dónde viene el lado negativo de la mente?
El maestro se retiró un momento y regresó con un lienzo en
blanco gigante. Justo en medio había un puntito negro.
—¿Qué veis en este cuadro?—preguntó el maestro.
—Un pequeño punto negro —respondieron.
—Pues ése es el origen de la mente negativa. A menudo
nos centramos en pequeñeces y somos incapaces de ver la enor-
me extensión de nuestra consciencia —concluyó.

Como veremos en este capítulo, nuestras perturbaciones
se harán más pequeñas si nos damos cuenta de que no somos exactamente nuestros pensamientos y emociones. Poseemos una «mente grande» y una «mente pequeña»; la
pequeña es la que se preocupa, mientras que la grande nos
pone en contacto con nuestra parte espiritual y está siempre
sosegada. Este cuento antiguo nos anima a conectar con esa
mente grande.

Alfonso vino a verme al despacho acompañado de su hijo mayor. Él tendría setenta y dos años y su hijo cuarenta y cinco. El contraste entre uno y otro era curioso: Alfonso, el padre, era un tipo pequeño, delgado, y estaba pálido como si hubiese visto un fantasma. Su hijo era todo lo contrario: alto, orondo y con la piel sonrosada que da la buena vida.

Alfonso se sentó delante de mí, embozado en su abrigo, como si tuviera frío pese al calor de la consulta. Con cara huidiza, empezó a explicarme.

—No sé qué me pasa; estoy fatal. Desde hace un año, tengo mucho miedo. No me atrevo a salir a la calle, y mucho menos a coger el coche. Me paso el día en la cama. Venir aquí me ha costado un mundo. Y lo he conseguido sólo porque mi hijo me ha sacado a rastras.

Sólo con esas palabras ya podía saber lo que le sucedía. Alfonso tenía un trastorno por ataques de pánico o ansiedad, un problema que afecta al 8 % de los españoles —al 14 % en Estados Unidos.

En el caso de aquel jubilado, tal era su sufrimiento que me confesó:

—No puedo seguir así, Rafael. Lo paso tan mal que muchas veces deseo estar muerto.

Aquel padre de una hermosa familia de cuatro hijos y muchos nietos se hallaba vencido. El hombre que otrora había sido modelo de fortaleza de todos había adelgazado hasta la escualidez y su semblante era el de la muerte. Hasta entonces había sido un hombre alegre y optimista, el faro de toda la familia; ahora era un bulto arrugado y tembloroso.

Así me explicó lo que le sucedía:

—Todo empezó con un dolor de estómago muy fuerte.

Tuve que correr a urgencias. Allí me hicieron pruebas, pero no me encontraron nada. Quizá una pequeña úlcera. Aquel día me fui a casa bien, pero el dolor volvió, y cada vez era más frecuente. Me hice un montón de pruebas, pero siempre lo mismo. Al final, los médicos dijeron que era un tema de la «azotea». Por eso estoy aquí.

En efecto, Alfonso tenía un problema puramente mental. Durante sus ataques de dolor, que podían durar de cinco minutos a una hora, experimentaba pavor, un intenso miedo a morir. Después se quedaba débil y abatido durante el resto de la jornada, como si le hubiesen dado una paliza.

Como muchas personas con ataques de pánico, también tenía dificultad para salir de casa —agorafobia—. Pero ése era un temor secundario, provocado por el miedo a que el dolor le sobreviniera por la calle sin que ningún familiar pudiese socorrerle.

De todas formas, por mucho que intentase protegerse recluyéndose en casa y tomando ansiolíticos, sufría un ataque o dos al día. Muchas veces, por la noche, se despertaba repentinamente con una desgarradora punzada en el abdomen, sudoroso y frío, y con esa atroz sensación de muerte.

Dos TIPOS DE MIEDO

El ser humano puede experimentar dos clases de temores. Por un lado, «el miedo objetivo» (a amenazas externas), como por ejemplo a las cucarachas, a que nos embista un toro o nos descerrajen un tiro en un atraco; por otro, «el temor neurótico»: el miedo a los propios pensamientos, sensaciones y emociones.

Alfonso, el paciente que acabamos de describir, tenía ese segundo tipo de temor. Tenía miedo a su propia ansiedad, a esa sensación desbocada de su mente.

El miedo objetivo es esquivable si evitamos el objeto temido, pero, ay, no así el temor neurótico. Este último es una faena porque nuestras sensaciones nos acompañan a todas partes: ¡están dentro de nosotros! El temor neurótico, además, tiene la cualidad de crecer en una espiral diabólica que se retroalimenta hasta niveles sorprendentes.

El neurólogo estadounidense Robert M. Sapolsky escribió un libro titulado *¿Por qué las cebras no tienen úlcera?*, en el que se preguntaba por qué los animales no experimentan temor neurótico, aunque no daba pistas sobre cómo liberarse de él. En el presente capítulo vamos a ver cómo conseguir vivir como los leones en la sabana: felices y alegres, contentos de estar vivos a cada minuto, sin ningún miedo neurótico.

DIFERENCIAS ENTRE EL TEMOR OBJETIVO Y EL NEURÓTICO

Temor objetivo	Temor neurótico
• Es externo: se teme a una amenaza que está fuera. • Evitable sólo con alejarse de la fuente del miedo. • Se teme a cosas concretas: un tigre, un fracaso en un examen, una agresión.	• Es interno. • No evitable. • Se teme experimentar emociones, pensamientos o sensaciones propios: ansiedad o tristeza, por ejemplo. • Desencadena un círculo vicioso de temor hasta convertirse en un ataque de ansiedad. • Suele llevar a evitaciones cada vez mayores y a la ingesta de tranquilizantes.

También es posible que un temor objetivo se complique con un temor neurótico y convivan los dos al mismo tiempo. Pero en ese caso el que marcará la diferencia —el que hará sufrir de verdad— es el neurótico.

Por ejemplo, las personas con miedo a sonrojarse temen ponerse rojos y que todo el mundo sepa que están avergonzados y, al mismo tiempo, odian el conjunto de emociones que les propicia esa situación. Es decir, temen «ponerse rojos», pero también «la ansiedad que pasan al ponerse rojos», que se intensifica hasta hacerse demencial.

Se trata de dos temores diferentes: uno hace referencia a hacer el ridículo y el otro a la cascada de sensaciones, emociones y pensamientos desagradables que nos invaden, que puede llegara a ser una tortura.

En estos casos de convivencia de un temor objetivo y otro neurótico el esquema sería como el que sigue:

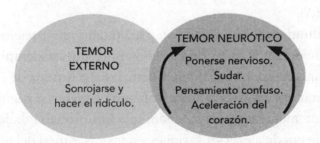

Al final, lo peor es el temor neurótico. Las flechas representan la cualidad retroalimentadora del mismo.

Al cabo de un tiempo, una vez bien establecida la «neura», el esquema varía hasta parecerse más a esto:

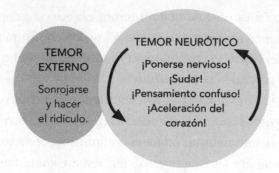

El porqué de los ataques

La causa del temor neurótico es siempre el miedo al miedo, lo cual hace reverberar las emociones negativas como un eco sin fin. Y la solución pasa por cortar la espiral, perdiendo finalmente el miedo al miedo. Y aquí es donde entra la psicología conductual, la otra pata de la psicología que yo practico.

Infinidad de veces me han preguntado mis pacientes el porqué de sus ataques de pánico y mi respuesta siempre es: «La mala suerte». Si cualquiera tiene la mala fortuna de experimentar unas palpitaciones extrañas o un mareo vertiginoso, aparentemente sin causa, tendrá muchas probabilidades de cogerle miedo a esas sensaciones e iniciar la espiral del temor. Sin más. No se trata de un problema de debilidad de carácter o de disfunción orgánica, sino de un fenómeno normal que le puede suceder a cualquiera.

Ése fue el caso de Alfonso, mi paciente jubilado. A la edad de setenta años experimentó el primer episodio de dolor abdominal agudo que le desencadenaría el trastorno por ataques de pánico. Fue un dolor tan lacerante y agudo que se asustó. Además, hacía poco había muerto su mejor amigo de un fulminante ataque al corazón. La mala suerte unió esos dos hechos para crear, por primera vez en su vida, un problema psicológico de envergadura.

Efectivamente, basta un episodio de sensaciones corporales atemorizantes para empezar a desarrollar el trastorno de ataques de pánico. A partir de ahí, casi de forma inconsciente, la persona estará pendiente de su cuerpo y de su mente y, al menor signo de palpitación o mareo, ella misma se provocará más temor y, con ello, más palpitaciones y más mareo, en la típica espiral mental maliciosa.

Es importante darse cuenta de que la única causa de este fenómeno es la mala suerte. No existe ninguna razón escondida en la niñez de la persona, ninguna debilidad especial.

Yo he tratado a muchas personas que, como Alfonso, durante toda su vida habían sido fuertes y positivas hasta que tuvieron la mala fortuna —a veces a una edad avanzada— de tropezar con una sensación corporal inusual capaz de provocar la espiral de la ansiedad.

Por lo tanto, no hay que perder el tiempo preguntándose el porqué del miedo al miedo. Hay que ahorrar fuerzas para concentrarse en su solución y ajustarse completamente al método que explicaré a continuación.

La psicología conductual

Como ya hemos visto a lo largo de este libro, la psicología cognitiva trabaja transformando los pensamientos que provocan las emociones. Por ejemplo, una persona con demasiado miedo al ridículo tendrá que aprender a no darle tanta importancia a su imagen, a su prestigio.

Es decir, para ganar fortaleza emocional incidimos sobre nuestra filosofía, sobre nuestra visión de las cosas, y por eso debatimos en profundidad hasta ver los fenómenos de otra forma.

Pero cuando se habla de un temor neurótico o interno —el miedo al miedo— hay que trabajar conductualmente. Sin razonar. Las emociones son tan fuertes que nuestra mente no puede atender a los argumentos.

Claire Weekes fue una de las primeras mujeres en estudiar Medicina en Australia. Obtuvo su título durante la década de 1930. Sus fotografías de los años cincuenta la muestran como una adorable abuela británica, pero detrás de esa fachada apacible se escondía una investigadora infatigable, pionera de la psicología científica.

Radicada en Sidney, trabajó primero como médica de atención primaria y se interesó por aquella extraña enfermedad que, en aquella época, se denominaba «agotamiento nervioso». Doctores de todo el mundo pensaban que los ataques de ansiedad —el miedo al miedo— eran producto del cansancio mental, y recetaban invariablemente reposo y calmantes. El resultado solía ser nulo o nefasto: los pacientes empeoraban y se volvían adictos a los ansiolíticos.

La doctora Weekes empezó a desarrollar otro método para tratar el problema, convencida de que era un fenómeno psicológico. Los resultados no tardaron en llegar en forma de curas definitivas, y a veces inmediatas.

En la década de los cincuenta publicó un libro de autoayuda titulado *Autoayuda para tus nervios,* que se convirtió en un éxito de ventas. Miles de personas en todo el mundo se beneficiaron de ese método. El sistema que yo empleo para tratar el miedo al miedo es una actualización de ese mismo procedimiento.

CURA EN CUATRO PASOS

A partir de ahora, siempre que tengamos un temor neurótico tendremos que dar cuatro pasos muy claros y concisos: «Afrontar», «Aceptar», «Flotar» y «Dejar pasar el tiempo».

Es esencial memorizarlos porque en el momento de la turbulencia es muy difícil pensar con claridad. Cuando arrecie la tormenta emocional tendremos que repetirnos estas cuatro palabras como un mantra.

1. AFRONTAR

La única manera de vencer un temor interno es afrontarlo. Sé que esta propuesta es lo más desagradable que puede oír una persona porque es justo lo que odia hacer.

Para los seres humanos, afrontar directamente el miedo es antinatural porque nuestro instinto nos enseña a huir de los peligros agudos. Pero la naturaleza está llena de paradojas y ésta es una de ellas: en el caso especial de los miedos neuróticos no hay otra solución que afrontar el temor acudiendo a su fuente. Pero aquí vamos a proporcionar las herramientas para conseguirlo de forma segura y con menos dificultad.

Es muy importante darse cuenta de que para liquidar un temor neurótico es necesario emprender una campaña de afrontamiento que, a la larga, acabará con el problema y nos hará libres.

«Afrontar» significa acudir a todas las situaciones que implican temor y experimentar, una y otra vez, las emociones, las sensaciones y los pensamientos desagradables que nos atenazan hasta que dejen de tener fuerza y desaparezcan.

Por lo tanto, recordemos: ES NECESARIO «AFRONTAR» EN VEZ DE «HUIR».

Los temores neuróticos son como niños pataleando porque desean una golosina. No hay nada de lo que preocuparse porque tan sólo intentan engañarnos. No se trata de amenazas reales: el niño no va a ahogarse, por rojo que se ponga de ira.

Desde el inicio de los tiempos, a los niños se les ha educado con el mismo método: no atender a sus berrinches. Y esto mismo es lo que tenemos que hacer ahora con las pataletas de nuestra mente.

Puedo asegurar con toda fiabilidad que TODOS los miedos neuróticos (pensamientos irracionales, emociones agudas o sensaciones desagradables) se liquidan si los afrontamos empleando los cuatro pasos a los que nos hemos referido: «Afrontar», «Aceptar», «Flotar» y «Dejar pasar el tiempo».

Cuanto mayor convencimiento tengamos en el sistema, más fácil será el proceso.

En mi consulta, frecuentemente muestro a los pacientes grabaciones de otros que ya han superado el problema. El hecho de ver ejemplos resueltos les ayuda mucho: les concede un plus de confianza en lo que hacemos.

En una de esas grabaciones, Aurora, una paciente con ataques de ansiedad, decía:

—Buf, menos mal que te conocí a tiempo. No sé qué habría sido de mi vida si no hubiese resuelto este asunto.

—¿Y qué le dirías a alguien con el mismo problema que tenías tú? —le preguntaba yo.

—Pues que el tratamiento ha sido duro, pero vale la pena. ¡Por supuesto que vale la pena! Se trata de recuperar la libertad —concluía Aurora.

«A mí no me funciona»

En muchas ocasiones, en el primer día de terapia los pacientes se quejan de que el método conductual no les va a funcionar. Suelen argumentar que en el pasado ya lo intentaron por su cuenta y sus ataques no remitieron.

Pero yo les aclaro que, en todos esos casos, el fracaso se debió a que no siguieron el método con sus cuatro pasos. Y es que si «afrontamos» mal, con impaciencia, sin «aceptar», «flotar» y «dejar pasar el tiempo», no se consiguen los resultados deseados. Es como si unos padres quisieran educar a su hijo sin perseverancia ni coherencia cuando tiene una pataleta.

Un paciente llamado Andrés, de sesenta años, sufría ataques de tensión cuando fijaba la vista en alguien, cuando tenía contacto visual. Le sucedía desde jovencito. Era un tipo culto y muy agradable, pero esa «neura» le tenía acobardado.

En cualquier momento, en medio de una conversación, podían entrarle los nervios sólo por el hecho de tener que mantener la mirada. Y esa ansiedad crecía rápidamente hasta convertirse en un martirio.

Andrés me explicó:

—No he podido tener apenas contacto con mujeres. Y, por supuesto, nada de novia. Dos veces quedé con chicas que me interesaron, y ¿sabes qué pasó?

—Dime —respondí con curiosidad.

—Que fue aumentando la tensión hasta que, en los dos casos, cuando se fueron al baño me largué sin más —relató avergonzado.

—¿En serio? —pregunté sorprendido.

—Sí. Y claro, ya no me volvieron a llamar —concluyó.

En los años setenta Andrés acudió a un psiquiatra de Almería, donde vivía, que le había aplicado terapia por electrochoque. Por supuesto, no se había conseguido nada. También había acudido a un psicoanalista que, ridículamente, había estado indagando un supuesto trauma infantil. Sin resultado, claro.

Lo que sufría Andrés era, nada más y nada menos, que ataques de «miedo al miedo», de la misma forma que una persona lo desarrolla al sentir fuertes palpitaciones de corazón o mareos agudos. El problema real es la huida y la creación de un fantasma a partir de sensaciones carentes de importancia.

Para Andrés, «afrontar» consistió en mantener citas, todos los días, cada vez más prolongadas, fijando la mirada de manera normal. Y, sobre todo, buscar esa emoción de nervios, convivir con ella durante todo el tiempo que fuese necesario hasta eliminarla por completo. En tan sólo cuatro semanas se vio libre del problema en el 80 % de las ocasiones.

A lo largo de los siguientes meses tuvo dos recaídas abruptas, pero como también se había preparado para perseverar y «dejar pasar el tiempo», las superó y, en la actualidad, la «neura de las miradas» es un recuerdo vago en su memoria. En la actualidad le parece extraño haber tenido ese temor en el pasado.

Al principio, «afrontar» no es fácil. No nos engañemos. Porque «afrontar» implica ir a buscar el pico de intensidad de la emoción y estar ahí durante todo el tiempo. Pero con la actitud correcta se avanza muy rápido. Una actitud que requiere, repitámoslo: «Afrontar», «Aceptar», «Flotar» y «Dejar pasar el tiempo».

Estudiemos a continuación el siguiente paso.

2. ACEPTAR

Éste es quizá el concepto más importante e implica ser como una mata de junquillos que se mecen con el viento. «Aceptar» significa «no resistirse», «dejarse llevar», «rendirse», «no luchar».

En una ocasión vino a verme una paciente, también mayor, a la que llamaremos Juana. La mujer llevaba cinco años sin salir de casa, acobardada por fortísimos vértigos que la hacían vomitar. Y, como siempre, la sensación de que se iba a morir, a volver loca o a perder el control y hacer una tontería.

Durante la primera consulta me dijo:

—Estoy harta. Me gustaría irme a dormir y no despertar ya.

Más adelante, durante la terapia, asocié esa idea de «irse a dormir y no despertar» con el paso «aceptar». Le expliqué:

—Puestos a morir, hagámoslo dentro de esta terapia, intentando solucionar este tema. «Déjate llevar» por la ansiedad. Acéptala dócilmente como quien acepta su propia muerte.

En los casos de miedo neurótico suele suceder que la persona intenta desplegar una fuerte lucha contra sus emociones, pero eso es contraproducente. «Luchar» no es lo que nos interesa, sino algo muy diferente: «aceptar», «rendirse», «dejarse llevar».

Es esencial que el paciente entienda el matiz entre «luchar» y «aceptar», porque si afronta la situación como «lucha» es probable que no tenga éxito.

Existe una palabra que define muy bien el concepto «aceptar» y es «sumisión». Surgió durante una terapia con un paciente, bombero de profesión, de cuarenta y cinco años. Fermín me dijo:

—Por fin he comprendido lo que quieres decir con «aceptar». Es un acto de «sumisión».

Fermín era literalmente un héroe, condecorado por su servicio a la ciudad. Sin embargo, su gran capacidad de lucha era diferente de la nueva habilidad que le estaba enseñando. La palabra «sumisión» expresa perfectamente la actitud necesaria en este entrenamiento emocional.

Ni de coña es imposible

Al principio puede parecer imposible «aceptar» los síntomas tal como decimos, pero la realidad es que SÍ se puede, y la confianza que da conseguirlo una y otra vez es lo que produce la cura completa.

Muchas veces la persona aquejada de «ataques de pánico» o «tristeza neurótica» «afronta» pero no «acepta» con la actitud correcta. Lo hace como apretando los dientes, como diciendo: «¡Vamos, acaba lo más pronto posible!», y ese talante también es erróneo.

Digámoslo una vez más, la actitud correcta es: «No hay problema; puedo estar así indefinidamente y aprovechar el tiempo en algo constructivo». Ésa es la «aceptación» que va a eliminar el problema de raíz, que nos hará libres.

Perseverar

Es muy importante que nos demos cuenta de que el efecto tranquilizante de «afrontar» y «aceptar» no llegará inmediatamente sino un poco más adelante. Esto hace que muchas personas se desesperen mientras están en la primera fase de «aceptación», porque desean un remedio instantáneo y eso no es posible.

El miedo neurótico —el que aumenta locamente en forma de espiral— se ha desarrollado a lo largo del tiempo y, por eso, eliminarlo cuesta otro tiempo. Así que hay que tener paciencia y prepararse con toda la calma posible, porque vamos a tener que aplicar este método muchas veces, hasta que llegue finalmente la paz.

Por eso, el último paso de este sistema es «dejar pasar el tiempo». Esto es, prepararse para un trabajo de medio plazo, insistente y perseverante.

Tendremos subidas y bajadas, avances espectaculares y recaídas desalentadoras, pero eso forma parte del juego, un juego que tiene que jugar aquel que ha caído en una de esas trampas mentales. No hay alternativa.

Síntomas exagerados

Un anciano maestro estaba cansado de las constantes quejas de su discípulo, así que pensó que debía hacerle recapacitar.

Una mañana le pidió que le llevara sal y, cuando regresó, le mandó echarla en un vaso de agua y que a continuación bebiera de él.

—¿Cómo sabe el agua? —preguntó el maestro.

—¡Puaj! Muy salada —respondió el pobre chico.

Aguantándose la risa, el anciano le ordenó repetir la acción, pero esa vez tenía que echar la sal en el lago. Caminaron sin prisa hasta allí y, cuando el joven hubo cumplido la orden, el maestro le pidió beber del lago.

—¿A qué te sabe ahora?

—¡Está fresquísima! Es una delicia para el paladar.

El maestro concluyó:

—El dolor de la vida es como la sal. Siempre hay la misma cantidad. Sin embargo, su sabor depende del recipiente. Cuando te aflijan las adversidades, agranda el sentido de las cosas. Deja de ser un vaso y sé un inmenso lago.

Sé perfectamente que para una persona con un temor neurótico el concepto de «aceptar», tal como lo estoy describiendo, le parecerá casi imposible. Pero no es así.

Yo he visto a personas con agudos dolores de vientre, vértigos brutales o el corazón desbocado con sensación de muerte inminente y todas aprendieron a «aceptar». Incluso podemos llegar a aceptar un síntoma llamado «despersonalización», que suele asustar sobremanera.

Un paciente lo describía así:

—Estaba en una fiesta cuando me sorprendió esa maldita sensación. De repente, sentí que no era yo quien estaba en mi cuerpo. Dudaba de que todo fuese real: la fiesta, mis amigas... Me espanté como nunca en mi vida.

Al principio no es fácil asumir ese malestar; en el caso de la ansiedad, una especie de fuego que nos consume, pero SE PUEDE y ése es el camino hacia la plena recuperación.

Claire Weekes, la médico australiana pionera en el tratamiento del miedo al miedo, empleaba una metáfora interesante a la hora de entender la «aceptación»:

> La actitud correcta es buscar el «ojo del huracán». Los navegantes dicen que en el centro de un huracán existe un lugar de paz que llaman «el ojo». La tormenta gira a su alrededor pero no puede alcanzarles. Sin embargo, para llegar allí el barco debe atravesar la tempestad.

En otro punto dice:

> La paz mental construida en la propia confianza no reside en la ausencia de síntomas sino en mantenerse entero en medio de ellos.

Se trata de un proceso gradual, pero en todos los casos «afrontar» y «aceptar» conducen a una reducción de los síntomas y, por último, a su desaparición total.

Miles de personas en todo el mundo han completado su tratamiento del miedo al miedo con este método. ¿Seremos nosotros una excepción? ¡Ni de coña!

En Japón, en el Tokio de principios del siglo xx, trabajó

un psiquiatra llamado Shoma Morita que diseñó el denominado «método Morita» para el tratamiento de los ataques de ansiedad. Se hizo rápidamente célebre porque su sistema, muy parecido al de la doctora Weekes, era muy eficaz. Él decía: «La forma correcta de vencer el pánico es ir directamente hacia él en vez de huir».

Efectivamente, cuando se afronta de esta forma, el miedo desaparece gradualmente.

Morita creó unas clínicas donde se ingresaba a las personas con fuertes trastornos de pánico. En ellas pasaban cuatro semanas en las que se superaba el problema a base de experimentar el miedo sin huir de él. Durante la primera semana los pacientes no salían de su cama, no podían tomar medicación ni hacer nada, sólo «aceptar» sus síntomas.

La terapia Morita sigue aplicándose en la actualidad en todo Japón, con grandes resultados.

3. Flotar

El tercer paso de nuestro método para superar el miedo neurótico lleva un nombre un tanto curioso: «flotar».

La perfecta definición de «flotar» es «acción suave».

Un paciente describía así el proceso de «flotar»:

—Ayer «entendí» el término «flotar». Me desperté a las cinco de la mañana con un fuerte ataque de ansiedad. Generalmente, cuando me da un ataque tengo que tomar calmantes y quedarme en la cama todo el día. Pero me acordé de los cuatro pasos y decidí salir de la cama «flotando». No sé cómo lo hice. De forma suave, me puse la ropa de deporte y, con cuidado de no alterar mi sistema nervioso, salí a correr. Todavía era de noche.

Cuando nos encontramos en la tarea de superar el miedo al miedo hemos de aprender a «flotar». Es una forma de ponerse cómodo ante el malestar que se va a sufrir.

Hay que concienciarse de dos hechos importantes:

a) Que la tensión NO nos ayuda, sino todo lo contrario. Por lo tanto, hemos de aflojar al máximo el cuerpo y la mente.

b) Que NO vamos a «vencer» los síntomas de la noche a la mañana. Necesitaremos persistencia y tiempo. Lo cual significa que hay que situarse en una posición de largo recorrido.

Por estas dos razones es esencial adquirir la actitud de «flotar», que consiste en hacer algo —trabajar, hacer deporte o cualquier tarea— con la mínima tensión posible, como si flotásemos.

Cuando arrecian los nervios es mejor no quedarse quietos sin hacer nada —sentados en el sofá o tumbados en la cama—, porque con la quietud es muy difícil no obsesionarse con los síntomas, darles demasiada importancia y activar «la lucha», justamente el talante que no nos interesa.

En cambio, la acción suave es muy favorecedora porque distrae: aunque sea sólo un poco, reduce la tensión y la sintomatología.

Y este ligero alivio nos prepara para el trabajo a largo plazo. Con la relativa comodidad que proporciona esa reducción podemos pasar ya todo el día.

«Flotar» nos permitirá tener éxito con los otros tres pasos del método: «afrontar», «aceptar» y «dejar pasar el tiempo».

Otro de mis pacientes hablaba así de la técnica de flotar:

—La semana pasada tuve una reunión en el trabajo y me dio uno de mis mareos. Son fortísimos; me producen un vértigo brutal. Cuando me vienen, lo primero que pienso es que tengo que tumbarme en el suelo para no caerme redonda. Pero «afronté», «acepté» y aguanté el tipo. Después acudí a mi mesa de trabajo. Estaba descompuesta por dentro. Pero me planteé trabajar de todas formas. A mi ritmo, tranquila, aceptando plenamente mi estado. ¡Y floté!

»Conseguí trabajar en un estado "intermedio" que fue incluso agradable. Al final del día, ya estaba completamente bien.

»Trabajando suavemente, dejando pasar el tiempo, puedo decir que hasta estuve a gusto.

Aquel día esta paciente había vivido su primera experiencia de «flotar». Días más tarde tendría otra y después otra. Y otra. Y al final, con el paso del tiempo, se vio libre de esos síntomas. Ya se había desensibilizado completamente a la ansiedad y los mareos. Se hallaba, por fin, curada.

Cuando «flotamos» buscamos cierta comodidad en el malestar. Es parecido a lo que hacen los marineros cuando les avisan de que va a venir un temporal. Se ponen sus trajes de plástico amarillo, con gorro incluido, y se preparan para hacer frente al mal tiempo. Aunque vaya a durar toda la noche. A la mañana siguiente, seguro que amanecerá un mar en calma y un día soleado y feliz.

4. Dejar pasar el tiempo

Aunque no lo percibamos así, la enfermedad nerviosa se desarrolla a lo largo de mucho tiempo. Sigue una evolución lenta a partir del primer día en que nos acobardamos ante unas sensaciones físicas o mentales. Por eso la sanación requerirá también un tiempo, al menos unos meses.

Por lo tanto, es muy importante concienciarse de que no será cosa de un día o dos. Se trata de una auténtica campaña mantenida en el tiempo.

En el transcurso de ese proceso es normal que el paciente tenga recaídas y piense: «No lo lograré nunca».

Ahora recuerdo el caso de un paciente, Tomás, que había mejorado muchísimo en tan sólo dos meses de terapia. Estaba, según su misma valoración, curado en un 95 %. Le faltaba poco.

Cuando le conocí sufría, por lo menos, un ataque de pánico al día. No salía a practicar ciclismo de montaña —su gran pasión— ni viajaba. Y vivía permanentemente en un estado de amenaza vital.

En aquel momento de la terapia había vuelto a hacer grandes salidas en bicicleta y proyectaba ambiciosos viajes. No tenía ataques y había recobrado el optimismo y las ganas de vivir.

Pero un fin de semana estuvo con su novia en la montaña y experimentó de nuevo un ataque de ansiedad (no tan duro como antes, pero de cierta severidad).

Yo ya le había advertido que tendría esas recaídas, y que habría que seguir trabajando para acabar con ese 5 % de inseguridad que le quedaba. El domingo por la tarde me envió un correo electrónico que decía:

Rafael: no puedo más. ¡Necesito quitarme esto de encima ya!

Sé que las recaídas son así de desesperantes, pero, simplemente, hay que recordar los cuatro pasos del método: «Afrontar», «Aceptar», «Flotar» y «Dejar pasar el tiempo».

El mismo lunes, al día siguiente de su correo, Tomás amaneció limpio de mente y se sorprendió de la reacción tan pesimista que había tenido.

A los dos días ya se consideraba de nuevo al 95 % del bienestar deseado. Y en pocas semanas llegaría al 100 %.

El último paso, «dejar pasar el tiempo», implica prepararse para un trabajo a medio plazo, permitirse ir ganando músculo de fortaleza emocional.

HEMOS DE RECORDAR, UNA Y OTRA VEZ, QUE LA RECUPERACIÓN PROCEDE DE DESCUBRIR REPETIDAMENTE QUE LOS SÍNTOMAS CARECEN DE IMPORTANCIA.

Mantras

Tengo una amiga, Clara, que superó por sí misma un trastorno de ataques de pánico. Había estudiado un método de afrontamiento parecido al que explicamos aquí y añadía un componente que podemos llamar «el uso de mantras».

En el hinduismo, un mantra es una palabra o frase que se repite para conseguir cierto beneficio psicológico o espiritual. Se trata de una práctica bastante esotérica y supersticiosa, como rezar el rosario en la religión católica. En el budismo se repite la frase «Om mani padme hum», que se podría traducir como «Oh, joya del loto».

Durante su período de recuperación, Clara aprendió a repetirse un mantra, una y otra vez, para centrarse en su objetivo. No recuerdo las palabras exactas que se decía, pero bien podrían ser los cuatro pasos que hemos estudiado aquí: «Afrontar», «Aceptar», «Flotar» y «Dejar pasar el tiempo».

Cuando estemos en medio del vendaval del miedo podemos repetirnos: «AFRONTAR», «ACEPTAR», «FLOTAR» Y «DEJAR PASAR EL TIEMPO»...

«AFRONTAR», «ACEPTAR», «FLOTAR» Y «DEJAR PASAR EL TIEMPO»...

«AFRONTAR», «ACEPTAR», «FLOTAR» Y «DEJAR PASAR EL TIEMPO»...

Este mantra nos recordará cuál es la dirección de nuestro trabajo. Nada de huir, nada de evitar.

Los pensamientos que produce la mente durante «el miedo al miedo» son siempre inservibles. Sólo reclaman la huida. Lo mejor es hacerles caso omiso, de ahí que un mantra pueda ser de utilidad. Un mantra, entonces, tendrá un efecto similar a ponerse la radio para escuchar una voz diferente a la nuestra.

Visualizar un ilusionante futuro

Además de los mantras, otra estrategia de apoyo a nuestro método conductual consiste en motivarse visualizando los premios que podremos disfrutar una vez que hayamos superado el problema del miedo al miedo.

Y aquí podemos ser tan imaginativos como deseemos.

Por ejemplo, tener en el móvil una carpeta con fotografías motivadoras: lugares donde podremos vivir, actividades que llevaremos a cabo... CUANDO ESTEMOS EN PLENA FORMA FÍSICA Y MENTAL.

Tuve un paciente joven y soltero que guardaba imágenes de mujeres hermosas con las que podría salir una vez adquirida su nueva fuerza emocional. Ese tipo de motivación no está de más. Funciona.

Otra paciente, que deseaba vivir en Formentera delante de una fantástica playa virgen, guardaba fotografías paradisíacas, a sabiendas de que una vez adquirida su plena fortaleza podría emprender su vida soñada.

Visualizar recompensas es una técnica que han seguido con éxito miles de personas durante toda la historia de la humanidad. Viktor Frankl fue un psiquiatra judío que estuvo recluido en un campo de exterminio nazi y sobrevivió.

En su maravilloso libro *El hombre en busca de sentido* explica que, en aquel aterrador barracón de Auschwitz, imaginaba a menudo cómo sería un futuro fantástico fuera de allí. Se veía a sí mismo publicando libros de psicología, impartiendo conferencias y construyendo una nueva forma de psicoterapia que denominaría «logoterapia». Más tarde, una vez libre, realizaría todo eso.

Ese ejercicio de «visualización de la recompensa futura» le mantuvo fuerte y motivado, incluso en esas dificilísimas circunstancias.

Lance Armstrong también describía algo parecido durante el período en que recibió tratamiento para el cáncer. Él también imaginaba premios futuros en forma de competiciones maravillosas, viajes por el mundo y una vida plena.

Ahora, en el momento presente, hay que trabajar para superar el miedo al miedo. Y eso conlleva mucha aceptación, pero a cambio nos espera un futuro inigualable. Visualicemos ese futuro tanto como deseemos. Ello nos otorgará una fuerza extra valiosísima.

Dormir y comer

No querría acabar este capítulo sin hablar de dos asuntos que suelen aparecer en la superación del miedo al miedo, casi invariablemente. Se trata de la dificultad que surge para comer y dormir durante los períodos de afrontamiento.

Cuando estamos nerviosos se nos cierra el estómago y se nos quita el sueño. Se trata de algo normal frente a lo que no hay que asustarse. No pasa nada.

Frente a la pérdida del apetito, la actitud correcta es la siguiente: no preocuparse y dejarlo estar. Es decir, prepararse para no comer. En vez de ello, podemos hacer algo útil.

El apetito —como el dormir— se autorregula; esto es, es imposible no comer indefinidamente. Si no comemos a mediodía, lo haremos por la noche. Y si no, a la hora del desayuno siguiente. Y con eso bastará para estar sanos y en forma.

Con respecto al dormir, aconsejo una estrategia diferente. Veamos por qué.

Por un lado, es cierto que el sueño también se autorregula y, por lo tanto, el hecho de no dormir un día o dos no tiene importancia porque, al tercero, caeremos redondos. Por este motivo sería factible el método de «no preocuparse y dejarlo estar».

Pero asimismo es cierto que hoy en día disponemos de

psicofármacos que nos pueden ayudar a dormir y que pueden ser muy útiles a la hora de afrontar un nuevo día con fuerzas. Yo creo que vale la pena emplearlos.

Y una vez que hayamos solucionado el tema del miedo al miedo podremos abandonar paulatinamente esos inductores del sueño.

De modo que preparémonos con tranquilidad para no comer y para dormir con inductores del sueño durante un tiempo. No nos asustemos por ello. No tiene la más mínima importancia.

Con lo visto, ya estamos preparados para afrontar cualquier trastorno del miedo al miedo. Solamente tenemos que recordar cuatro conceptos mágicos: «Afrontar», «Aceptar», «Flotar» y «Dejar pasar el tiempo».

Intocables

Hace poco recordé la película *Intocable*, basada en hechos reales. En concreto, el momento en que el protagonista —un tetrapléjico llamado Philippe— sufre un ataque de pánico durante la noche y su nuevo asistente —un joven recién salido de la cárcel— le saca a dar un paseo hasta que se calma. Es hermoso ver que el joven, que nada sabe de psicología, le asiste con todo el amor del que es capaz un ser humano.

A la mañana siguiente, con el sol brillante sobre el cielo, los dos salen a conquistar las carreteras con el deportivo de Philippe. Y ahí nace una fortísima amistad que acabará uniendo a esos dos hombres de extracciones sociales opuestas.

Esa película nos transmite que una buena vida no está exenta de adversidades. Pueden producirse, pero no son obstáculos a la hora de vivir radiantemente. Para los dos protagonistas de *Intocable* los ataques de pánico son el detonante de su amistad, les ayudan a intimar a un nivel que, quizá de otra manera, sería difícil de lograr.

Y no sólo eso, esos episodios de angustia conectan a Philippe con la vida. Porque al día siguiente, fresco como la mañana, aprecia mucho más la belleza de las cosas. Sabe que la paz, la alegría y la pasión están a su alcance con el renacer diario.

Los grandes viajeros, aquellos que visitan países remotos, que buscan la sabiduría en todos los caminos, aceptan el reto de bajar a las profundidades de la angustia, como Fausto visitando los infiernos para ver cómo era la vida allí. Experimentar, aprender y salir más vivo, con una mayor conexión con el mundo.

El mundo es siempre hermoso, hasta extremos espectaculares. Porque, como Philippe, todas las mañanas podemos volver a convertir en oro cada experiencia y vivir sintonizados con la belleza eterna. Volver a casa. A nuestra mente fuerte y feliz, totalmente expansiva.

No tengamos miedo a experimentar ansiedad. Es una característica más de la vida, una experiencia, un lugar. Podemos incluso saborearla, aprovecharla. Nos hablará de amor, de cooperación, de verdadera amistad. Y también nos indicará dónde se encuentra la intensidad de la vida. Ese sendero infernal también conduce al cielo.

Nuestro compromiso con el disfrute y la plenitud incluye poder tener malos momentos. Para, a la mañana siguiente, seguir profundizando en el amor por la vida, en perfecta armonía.

En este capítulo hemos aprendido que:

- El miedo neurótico es un tipo de temor especial.
- Se teme a reacciones del propio cuerpo o mente.
- Esto hace que se produzcan espirales en aumento.
- La solución pasa por: 1) Afrontar; 2) Aceptar; 3) Flotar y 4) Dejar pasar el tiempo.
- No hay que preocuparse por no comer o tener que dormir con pastillas.
- En las crisis de miedo neurótico, los pensamientos no dicen nada útil.

16

Dejar pasar el rayo:
la última técnica para la paz mental

Un rey ofreció un gran premio al mejor cuadro sobre la paz. Optaron infinidad de obras, pero sólo dos fueron seleccionadas.

Uno de los cuadros representaba un lago: bello, tranquilo, rodeado de montañas que se reflejaban en sus aguas. El cielo era azul brillante con algunas hermosas nubes blancas. Era su favorito.

—Es una representación perfecta de la paz —dijo.

La otra pintura también contenía montañas, pero escarpadas y peladas. Sobre ellas, había un cielo gris. Llovía y caían impactantes rayos. A un lado se apreciaba una violenta cascada. ¡No parecía nada pacífico!

Pero cuando el rey observó con detalle vio, junto a la cascada, un pequeño arbusto que salía de una grieta. Y en el arbusto, un pajarillo que había construido su nido. El animal estaba en perfecta paz.

El rey escogió, sin dudarlo, esta segunda pintura. Y afirmó:

—La verdadera paz no se encuentra en la calma del cementerio. La auténtica paz se halla en medio del sonido de la vida. Éste es el verdadero significado de la palabra «paz».

Estaba en la sala de pesas, en el rincón de las colchonetas, esforzándome con mis abdominales cuando entró Felipe. Hacía dos años que no lo veía tras mi período de estudios en Italia. Ya en Barcelona, en mi gimnasio de siempre, me reencontraba con todos los compañeros.

Felipe tenía unos veinte años, pero en el lapso de tiempo de mi ausencia ¡parecía otro! El escuálido chaval había mutado en un héroe griego de metro ochenta, con brazos enormes, pecho de acero y abdominales bien definidos.

Le saludé:

—¡Hombre! ¡Cuánto tiempo! ¿Cómo va eso?

—¡Muy bien! Tú has estado en Italia, ¿no? —me preguntó con una gran sonrisa.

—¡Sí! Ya de vuelta. Oye, pero te veo hecho un toro. ¡Cómo te has puesto! —apunté.

—Bueno, ya sabes. El entreno siempre da sus frutos —concluyó muy ufano.

Como había visto en muchas otras personas, Felipe había transformado su cuerpo siguiendo una rutina de musculación y una acertada dieta. ¡Y daba gusto verlo!

Ahora era un ejemplo magnífico para todo el gimnasio. Demostraba la exactitud de la ciencia del levantamiento de pesas: si haces lo necesario para ponerte fuerte, los resultados son casi matemáticos.

Creo que aquel día yo mismo entrené con más intensidad gracias a la visión ejemplar de Felipe.

Y si la ciencia de la musculación en acción es espectacular, ¡la ciencia conductual para la transformación mental también lo es!

Los cuatro pasos de la doctora Weekes, que acabamos de

ver en el capítulo anterior, van produciendo en quien los practica más y más músculo emocional. Matemático.

En vez de un cuerpo de Adonis, dan lugar a una mente en forma, quizá como la de Nicolas Sarkozy o Angela Merkel, o la de cualquier persona muy fuerte a nivel emocional.

Y, en este penúltimo capítulo, para completar la lección vamos a acabar con un apunte actitudinal.

Se trata de una explicación más detallada de la actitud que tenemos que adoptar para «aceptar» y «flotar». Cuanto mejor entendamos el talante necesario para llevar a cabo estos dos puntos, más rápido y fácil será el proceso de cambio y más hermosa será nuestra nueva musculatura emocional.

A este talante lo llamo «dejar pasar el rayo» y es una actitud que deriva de la meditación budista o *mindfulness*. La versión que yo propongo podría denominarse *Mindfulness de Tercera Generación*.

La técnica «dejar pasar el rayo» nos va a ayudar a quitarle credibilidad a las emociones y los pensamientos negativos que circulan por nuestra mente. ¡Nada más y nada menos!

Se trata de algo útil en extremo ya que, en el momento de la tormenta emocional, son precisamente los pensamientos y las emociones los máximos alborotadores. «Aceptar» y «flotar» será difícil mientras le otorguemos importancia a esa producción mental.

Veamos a continuación cómo podemos aprender a dejar pasar esos rayos.

Mucho ruido y pocas nueces

Como millones de meditadores han comprobado a lo largo del tiempo, las emociones y los pensamientos van y vienen de forma casi azarosa, sin orden ni concierto.

Somos muy ingenuos si pensamos que nuestra cabeza piensa bien.

La cabeza no puede parar y charla como un tocadiscos estropeado. ¡En nuestro coco hay más ruido que nueces! ¡En el coco de todos!

Lo podemos comprobar, por ejemplo, en la ducha matutina. Mientras nos frotamos el cuerpo con jabón con la sola intención de lavarnos, la mente, erre que erre, va produciendo ideas: «Hay que llevar el coche al mecánico», «Qué bonito sería vivir en la Roma de Cristo», «Qué tonta que es mi cuñada»...

¿Por qué narices no puede estar callada? No lo sabemos.

La mente ni siquiera descansa durante la noche. Sigue trabajando, esta vez en forma de sueños.

Y, aunque en muchas ocasiones no nos demos cuenta, los pensamientos pasan rápido. Vienen y van. Porque el propósito de todo ese trabajo mental es simplemente mantener las neuronas en funcionamiento.

Los meditadores conocen muy bien esa cualidad transitoria —y casi diría estúpida— de nuestra mente. Cuando se sientan a concentrarse en la respiración, en el aire que entra y que sale por su nariz, se dan cuenta de que les vienen muchas ideas, exactamente igual que en la ducha: «Después tengo que comprar el pan», «Este ejercicio es muy aburrido», «Mi novia es cada día más arisca»...

Los meditadores intentan fijarse sólo en la respiración, pero no pueden. ¡Vaya faena! La mente no para de inmiscuirse con ideas que no vienen a cuento.

Como veremos a lo largo de este capítulo, es esencial para la salud mental comprender que el 95 % de nuestro pensamiento no tiene sentido.

Los meditadores, después de cientos de horas de práctica, aprenden justamente a hacer eso: descartar los pensamientos de desecho, ¡el 95 % de lo que pasa por la mente!

La primera clave, pues, en nuestra práctica de «dejar pasar el rayo» consistirá en dejar de dar credibilidad a todo lo que pasa por nuestra cabeza. Es esencial darse cuenta de ello: la mente no puede callar y la mayor parte de su producción es irracional.

No huir, sino dejar fluir

En una ocasión, un paciente muy inteligente llamado Javier, con el que estaba empezando a trabajar, me dijo lo siguiente:

—El otro día estuve con mi prima y me volvió a soltar una de sus impertinencias habituales. Me despedí de ella con normalidad, pero me quedé mal. Me fui dándole vueltas al asunto y, para cuando llegué a casa, ¡ya estaba superagobiado!

—¿Y qué hiciste? —pregunté yo.

—Como sé que en esas circunstancias lo habitual es que esté tres días fatal, me dije: «Muy bien, mente, sé que ahora me vas a llenar de porquería durante tres días. ¡Adelante! Haz lo que te dé la gana. Espero poder aprovechar el tiempo mientras tanto».

—¡Genial! ¡Ésa es la actitud! Tu cabeza sólo va a decir tonterías acerca de tu prima, del daño causado, de las medidas que deberías tomar... Todo eso es basura. Me encanta que te dieses cuenta a tiempo —apunté.

—Pero lo fuerte, Rafael, es que al cabo de diez minutos ya se había acabado la «neura». Estaba bastante bien. Es la primera vez en muchos años que soy capaz de dejar de lado así una «neura».

Javier había captado la esencia de la técnica «dejar pasar el rayo»; esto es, no darle bola al diálogo interior inservible y aceptar el flujo de las emociones negativas.

En el capítulo anterior vimos que cuando por temor intentamos huir de las emociones y los pensamientos negativos, la liamos parda. Porque «huir» de ellos ya es otorgarles demasiada importancia.

Cuando intentamos escapar de las producciones negativas de la mente, éstas se estancan y se aferran a nuestra conciencia como garrapatas a la piel. Y no sólo eso: se incrementan hasta convertirse en un problema serio.

Si no cometiésemos ese error, los nervios —o la tristeza— se marcharían muy rápido por donde han venido. Recordemos que son sólo producciones azarosas de la mente que vagan sin sentido.

Aprender a ser como niños

Los niños pequeños, por el contrario, suelen ser unos expertos en «dejar fluir», a diferencia de los adultos. En un momento dado cogen un berrinche con un compañero de juegos y, al minuto siguiente, inician otra actividad entre risas desbordantes.

Los adultos a menudo perdemos esa flexibilidad debido a que le damos demasiada importancia a todo lo que se nos pasa por la cabeza.

Nos han enseñado que somos hijos de la ciencia, herederos de la lógica griega, de la ciencia de Newton y de las modernas fórmulas de Einstein. Y, en cierta medida, es cierto, pero eso no quita que el 95 % de lo que pensamos sea inservible, material de desecho como el sebo que sale por los poros.

Sin embargo, si reaprendemos a «dejar pasar el rayo», a permitir que los pensamientos y las emociones transcurran por nuestra mente sin calificarlos ni perder el tiempo con ellos, podremos recuperar esa flexibilidad.

Entonces —y sólo entonces—, las emociones y los pensamientos negativos no serán nunca demasiado largos ni intensos.

ENERGÍA EN CIRCULACIÓN

Desde un punto de vista fisiológico, nuestros pensamientos y nuestras emociones son energía eléctrica. Si nos conectamos unos electrodos para mesurar la electricidad que circula por el cerebro captaremos una ondas muy claras.

Yo he estudiado muchos electroencefalogramas y no deja de sorprenderme que cada pensamiento y cada emoción producen un determinado tipo de onda eléctrica. Las ondas lentas y espaciadas se corresponden con la actividad mental placentera. En cambio, las ondas rápidas y afiladas son propias de la tensión nerviosa.

Llegará el día en que podamos interpretar esa electricidad como quien lee un libro; podremos saber lo que piensa cada persona leyendo esas líneas. Y, lo que es mejor, podremos manipularlas a nuestro antojo.

Pero lo que nos interesa aquí es saber que las emociones negativas son corrientes de energía, una energía que tiende a circular y perderse de forma natural. Si la dejamos pasar a través de nuestro cuerpo, no habrá nada que temer.

El problema es que, una y otra vez, el miedo nos impulsa a bloquear esa energía. Y ésta entra en *loops*, circuitos cerrados que se retroalimentan y recalientan el sistema.

Una paciente llamada Laura me describió la ansiedad que experimentaba cuando tenía que hablar en público. Era médica y, de vez en cuando, presentaba estudios ante sus colegas del hospital. Pero una semana antes del «día D» le entraban unos nervios de aúpa:

—En esos períodos, me paso todo el tiempo pensando en que lo voy a hacer fatal. ¡Que no voy a ser capaz! Y entonces me produce un rechazo brutal preparar la exposición. Sé que durante esa semana dormiré como tres horas al día. ¡Odio esa ansiedad!

Los nervios de Laura eran energía bloqueada circulando en bucle por su mente. Y la creadora de ese bloqueo había sido ella misma a base de rechazar la ansiedad. Si desde el principio la hubiese aceptado, habría circulado en línea recta hasta extinguirse y, al cabo de un rato, otra emoción habría ocupado su lugar.

Por lo tanto, ya podemos formular la segunda clave de la técnica de «dejar pasar el rayo»: si dejamos pasar las emociones y los pensamientos negativos, si no los rechazamos, éstos se extinguen por sí mismos en poco tiempo, y enseguida volvemos a la normalidad.

EL ORIGEN DE LOS TRAUMAS

Los traumas son otro de los problemas que los psicólogos vemos frecuentemente en nuestras consultas. Y, mira por dónde, no son más que *loops* de energía cerrada.

Quizá un día nuestro jefe nos echó una reprimenda muy fea. En ese momento experimentamos un fuerte estrés y, en vez de dejar fluir esa emoción, intentamos huir: agachando la cabeza, evitando el contacto visual, etc. Y, *eccolo!*, se produjo el trauma, producto de esa evitación.

Si hubiésemos practicado la actitud de «dejar pasar el rayo», esa energía negativa habría transitado por nuestro cuerpo y, en cuestión de minutos, habríamos recuperado la forma emocional. Sin rastro del problema.

Tenemos que recordar que las emociones negativas vienen y van continuamente, y tienden a desaparecer por sí mismas, siempre y cuando no hagamos esfuerzos por evitarlas.

La huida o el rechazo impiden el natural flujo de las emociones. Y acto seguido la corriente electromagnética entra en uno de esos circuitos cerrados o *loops*.

A partir de entonces siempre que suceda algo parecido la energía recorrerá el mismo circuito, llegará a ese *loop* y girará y girará sin cesar recalentando el sistema. Siempre que aparezca el jefe con semblante serio sentiremos una automática punzada de temor.

Será necesario entonces deshacer ese circuito mediante la

experiencia de esa emoción, pero esta vez de forma confiada, sosegada y completamente abierta. Eso permitirá deshacer el *loop* y provocará que la energía se pierda por sí misma.

Para eliminar un trauma es necesario, por lo tanto, sentir plenamente el miedo, dejar que transite por nuestro cuerpo como energía circulante que es. La energía estancada se perderá y, en segundos o minutos, volveremos a estar alegres como un niño en un día soleado.

Laura, la médica, aprendió a decirse en todos sus momentos de ansiedad:

—Atraviésame, emoción. Circula por mi cuerpo. Sigue tu camino y olvídame pronto.

Y respecto a sus pensamientos derrotistas aprendió a ¡no decirse nada!, a no responder. No eran más que excrecencias inservibles de la mente.

SER EL OBSERVADOR

Los meditadores budistas hablan mucho de la «posición del observador», un concepto clave a la hora de aprender a gestionar correctamente las emociones.

Un amigo mío llamado Lucas me explicaba una experiencia personal muy reveladora acerca del observador:

> Llevaba un año meditando todos los días. Mi disciplina consistía en concentrarme en la respiración, en el aire que entra y que sale por la nariz.
>
> Y, por supuesto, a cada momento me asaltaban pensamientos del tipo: «Me pica la nariz» o «Tengo que comprar

arroz», pero, como dicen los manuales, volvía a concentrarme suavemente en el aire.

Pero lo alucinante fue que un día, en un momento dado, no sé cómo ni por qué, empecé a oír mis pensamientos. Más que a oírlos, a sentirlos.

¡Experimenté eso que llaman «la mente del observador»!

Ya no era «yo» quien pensaba en el arroz o en el picor, sino que oía una voz que decía claramente: «Me pica la nariz», «Tengo que comprar arroz».

Esa experiencia me duró toda una hora y me ha vuelto a pasar más veces desde entonces. Yo lo llamo «externalizar los pensamientos».

Los monjes budistas explican este fenómeno de la siguiente forma: los seres humanos producen pensamientos y suelen identificarse con ellos. La gente corriente cree que su «yo», su «esencia», o como lo quieras llamar, es eso. Pero los budistas están convencidos de que no es así.

Según ellos, existe una «mente grande» y una «mente pequeña». La mente pequeña es aquella que habla en la ducha y en todas partes: es el parloteo incesante que describíamos antes.

La «mente grande», sin embargo, es otra cosa: es lo que llaman la «mente del espectador» porque, como en el caso de mi amigo Lucas, desde esa perspectiva podemos observar nuestros fenómenos mentales.

La «mente grande» es un lugar superior, siempre tranquilo y sosegado, desde donde poder observar todo lo que hay a nuestro alrededor sin inmutarnos. Cuando Lucas tuvo esa experiencia de oírse a sí mismo hablando se encontraba totalmente relajado porque estaba instalado en su «mente grande». Desde allí, era testigo curioso e imparcial de la cháchara de su «mente pequeña».

La prueba de la existencia de la «mente grande» es que, en cualquier momento, podemos observarnos a nosotros mismos pensando. La mente puede desdoblarse y observar los pensamientos. Por lo tanto, no somos sólo nuestros pensamientos: somos mucho más. Por ejemplo, todos podemos pensar «Hola» y podemos ser testigos de que decimos «Hola».

Según los meditadores, la «mente grande» es como un lago siempre calmo, enorme. Sin embargo, la «mente pequeña» se agita fácilmente y produce remolinos diminutos en esa superficie gigante que es «la mente grande».

La «mente grande» y la «mente pequeña»

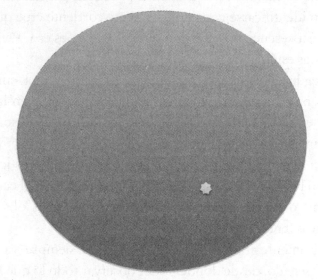

La «mente grande» es el círculo gris, infinito, en realidad, y siempre calmo y satisfecho. Todos los seres humanos somos eso. Por otro lado, la «mente pequeña» es la estrella. Es una parte ínfima de nosotros, pero tontamente nos identificamos con ella.

Nuestras emociones negativas son esos remolinos que podemos aprender a calmar. La clave es no identificarse con ellos. Colocarse en la mente del espectador (o «mente grande») para que esa energía transite y se pierda con fluidez.

Las personas más fuertes y felices parecen tener una excelente habilidad para colocarse en la mente del espectador. Desde ahí, no le dan tanta importancia a las emociones negativas; crean una distancia para con ellas.

Mi amigo Lucas, por ejemplo, había aprendido de una forma espectacular a ir por el mundo instalado en su «mente grande». En una ocasión, me explicaba:

—Yo voy por la calle fijándome en los árboles, en los colores y demás, pero apenas me fijo en lo que dice mi mente. Eso lo dejo pasar. Así puedo experimentar mejor la vida, de forma pura, brillante, siempre sorprendente. Todo lo que habla la «mente pequeña» lo dejo en cuarentena. Un poco como sucede con los sueños: te despiertas y sabes que todo eso no es real. Enseguida te olvidas.

La «mente grande» —el círculo gris de nuestro esquema— es observadora, pero no evalúa ni charla. Sólo goza.

No responder

La solución al estancamiento de energía, a los traumas y a los miedos, a la identificación con la «mente pequeña» es:

a) No entrar en diálogo con los pensamientos negativos.
b) Dejar pasar las emociones con aceptación y actitud imparcial.

Cuando nos sucede algo desagradable, por ejemplo cuando el jefe nos riñe, la «mente pequeña» empieza con su matraca habitual: «¡Qué vergüenza! Esto es intolerable. ¿Cómo puedo escapar de aquí? ¿Y si me despide?...». Y, ¡atención!, caemos en la tentación de intentar aclarar esas cuestiones.

Sin embargo, si queremos ser más fuertes a nivel emocional es mejor no responder. Todo ese diálogo tiene como único objetivo huir de la emoción negativa, y ya hemos visto que eso crea *loops* o estancamientos de energía negativa.

¡Que quede claro!: la solución pasa por dejar pasar esos pensamientos sin identificarse con ellos. Si lo hacemos así, pasarán en un minuto o dos.

Es normal e inevitable tener pensamientos negativos. Nadie puede eliminarlos por completo. Sin embargo, sí podemos minimizarlos si no les prestamos atención, si dejamos que circulen como un rayo de energía sin importancia.

Y lo mismo sucede con las emociones. El miedo es una descarga de energía que tiene que transitar por el cuerpo para perderse en el suelo, si nos abrimos a experimentarlo con sosiego y paciencia.

Las personas más tranquilas del mundo —los grandes meditadores budistas— dejan que sus emociones las atraviesen con toda tranquilidad. Tienen tanta práctica en ello que sus circuitos son muy rápidos y suaves.

Esas personas son como superconductores de electricidad, pararrayos por donde la energía se transmite con soltura.

La práctica continuada de «no responder» a los pensamientos negativos produce la maravillosa disminución de los mismos hasta casi desaparecer.

EXPERIMENTAR

La estrategia de «dejar pasar el rayo» de las emociones exageradas es algo que podemos empezar a practicar ya mismo. No es necesario meditar tal como hacen los budistas, sino simplemente aplicarlo tal como hacen los niños.

Frente a cada una de nuestras emociones negativas:

a) Pongámonos en la posición del observador.
b) No contestemos a la cháchara de la mente.
c) Dejemos que las emociones negativas atraviesen nuestro cuerpo.

En realidad es algo sencillo: increíblemente fácil. Y es que la mente funciona de esta forma de manera natural.

Si dejamos pasar el rayo, cualquier preocupación pasará, y volveremos a estar tan sosegados y llenos de alegría como al inicio del día.

Pero se trata de algo que hay que experimentar, más que comprender de forma intelectual. A medida que ganemos confianza en nuestra nueva habilidad de dejar pasar el rayo nos convertiremos en seres más livianos, más felices y risueños.

Las acciones más importantes de esta nueva estrategia son:

- «esperar» (a que pase la tormenta),
- «aceptar»,

- «no dar credibilidad»,
- «observar desde la distancia»,
- «no identificarse»,
- «dejar pasar».

Laura, mi paciente, aprendió muy bien a situarse en la posición del observador. Cuando aparecían los pensamientos del tipo: «¿Y si lo hago fatal?», daba un paso atrás y se decía:

—¡Hola, mente pequeña! ¡Bonito discurso el de hoy! Me parece bien. Ya callarás.

Ya no se identificaba con esa cháchara sin sentido. Sabía desconectar de ella para situarse en su «mente grande», silenciosa, serena y feliz.

NADA ES MALO

Los budistas hacen muchísimo hincapié en la experiencia de la «mente grande»; es decir, en tomar conciencia de que somos mucho más que nuestras emociones y nuestros pensamientos. Desde la «mente del observador», las cosas que pasan por nuestra cabeza —las emociones y los pensamientos— son como una película que vemos en el cine; realmente, no pueden dañarnos.

Las demás tradiciones religiosas hablan de algo parecido: el espíritu o el alma, entidades que están por encima de la mente y de la memoria. Desde esta perspectiva, la «mente grande» estaría unida al universo, más allá de nuestras neuronas.

Y una cualidad curiosa de la «mente grande» es que para ella nada es «bueno» o «malo», es simplemente lo que es.

Las personas también podemos optar por no juzgar los acontecimientos y limitarnos a observarlos con curiosidad, incluso con alegría, ya que son indicaciones de que estamos vivos en un universo cambiante, misterioso y fértil.

Esto es lo que los hinduistas llaman «ecuanimidad», una cualidad de las mentes fuertes que consiste en no catalogar los eventos. Si me roban la cartera, eso no es «bueno» ni «malo» para el espíritu, la «mente grande» o el alma.

Lo interesante del asunto es que, sin juzgar, uno está mucho más sosegado y feliz.

Aunque, por otro lado, los budistas tampoco se apegan a lo «bueno». Prefieren tener una mente curiosa que se regodea observando el fértil despliegue de la vida y que, sin duda, les reportará infinidad de experiencias, algunas agradables para la «mente pequeña» y otras desagradables. Pero, en el fondo, qué más da.

TODO ES VIDA

Estar vivo es maravilloso. Podemos observar colores, objetos, sucesos. ¡Qué pasada!

Estando vivos podemos vivir aventuras, desventuras, aprendizajes y pérdidas. Y, aunque ahora no nos lo parezca, todo ello es hermoso, brutal.

Cuando tengamos noventa años y la vida se acerque a su fin, lo entenderemos claramente: echaremos la vista atrás y recordaremos todo como precioso. Hasta la más fastidiosa de las situaciones nos parecerá una maravillosa vivencia.

Por ejemplo, ahora que tengo cuarenta y siete años, recuerdo cuando me dejó mi novia Sonia. Lo pasé muy mal. Estaba deprimido y ansioso. Pero, pasados veinte años, juro que lo veo con simpatía.

Siento que aprendí mucho con ella, y también con el abandono. Entre muchas otras cosas, fortalecí mi amistad con mi amigo Remi recorriendo la noche de Barcelona de bar en bar. Superé el trago —con tragos— y ahora sé mucho más de la vida que entonces.

Te aseguro que a los noventa, desde tu mecedora, repasarás todos los hechos de tu vida —los «presuntamente» buenos y los malos— y todos te parecerán fantásticos, expresiones de una emocionante existencia, de una vida que ya se acaba.

Si tenemos en cuenta eso, ganaremos ecuanimidad; esto es, nos daremos cuenta de que en realidad todo está bien: tanto los hechos a los que antes llamábamos «buenos» como también los que calificábamos absurdamente de «malos».

Y la ecuanimidad nos ayudará a dejar que las emociones nos atraviesen.

Abrámonos, relajemos el cuerpo. Comprobaremos con admiración que todo viene y va. Mucho más rápido de lo que pensábamos. ¡En nada, una y otra vez, volveremos a estar tan alegres como los niños pequeños!

Recordemos de nuevo que el «dolor rechazado» es un «dolor estancado», y que el «dolor observado con imparcialidad» simplemente ¡se va!

Los pensamientos no son nuestros

Yo tengo un amigo meditador que suele insistir en que los pensamientos —casi todos— no son nuestros. Son creaciones azarosas de la «mente pequeña». Según él, toda esa cháchara es como los sueños: mezcla de materiales, energía que pasa por allí, nada importante. De la misma manera que nuestros sueños no son voluntarios, tampoco lo es la mayor parte de los razonamientos. El ejemplo de la ducha es claro: las ideas que aparecen mientras nos enjabonamos ¡no son voluntarias! Simplemente aparecen.

Mi amigo meditador no confía para nada en sus pensamientos, ni siquiera en la lógica. Prefiere seguir el camino de la intuición, del corazón.

Y es que ¿no es cierto que un día la mente dice una cosa y al siguiente otra?

A veces, un evento nos suscita temor pero, al cabo de una jornada, sentimos lo contrario. Así que, ¿a qué viene darle tanta importancia a todo eso?

Mi amigo meditador es una de las personas más felices y decididas que conozco. Y su estrategia de éxito es no pensar. Suena raro, pero él sólo se guía por su intuición, y después sigue ese dictamen sin hacerle caso a la cabeza. Y le funciona de maravilla.

Yo, por mi parte, prefiero tan sólo desechar el 95 % del pensamiento inservible y quedarme con el 5 % maravilloso. Pero, sobre todo, he aprendido a ignorar a lo que llamo «gusanos» o, en su terminología inglesa, *bugs*.

Gusanos

La psicología conductual nos pide distinguir entre pensamientos sanos e insanos. Los saludables son aquellos que nos hacen sentir bien, que son útiles, que nos hacen crecer. Y los insalubres son aquellos que desean que reculemos sobre nuestras decisiones, que nos hacen débiles, que nos engañan.

Recuerdo el caso de una paciente que tenía pensamientos obsesivos relacionados con suicidarse. Aparecían sin venir a cuento y lo pasaba fatal. Estaba en el metro, por ejemplo, y de repente le venía a la cabeza: «¿Y si me tirase a la vía?».

También le ocurría en cualquier balcón, y lo mismo si veía cuchillos afilados: «¿Y si me mato?», pensaba asustada. Antes de venir a verme, esos pensamientos ocupaban el 70 % de su día.

Nadia, la paciente obsesiva, hizo una terapia ejemplar y en sólo tres meses ya estaba completamente curada. La terapia, por supuesto, consistió en «afrontar», «aceptar», «flotar» y «dejar pasar el tiempo».

Juntos planificamos, para todos los días, largos recorridos en metro o transitar a través de altos puentes, ir a trabajar con un gran cuchillo metido en el bolso y mil otras ocurrencias afrontadoras.

Algunas eran hasta divertidas, como comprarse un telescopio y explorar la ciudad durante horas ¡desde el balcón de su casa! ¡Descubrió intimidades del vecindario muy graciosas!

Pero tenemos que admitir que no le resultó del todo fácil. Más de una vez me llamó por teléfono, bloqueada por el miedo, ante una de esas aventuras.

—Rafael, estoy en la boca del metro de Paseo de Gracia pero no me atrevo a entrar. ¡No quiero entrar! —me dijo un día.

—¿Por qué no, si es lo que teníamos planificado? —pregunté en un tono de voz neutro.

—Creo que hemos equivocado la terapia. ¡No tiene lógica que tenga que pasarlo tan mal! ¡Así, lo único que voy a lograr es volverme loca! —exclamó alterada.

—¡Escúchame bien, Nadia!: todo lo que diga tu mente a partir de ahora son gusanos. Todo es mentira. No le hagas caso a tu mente y acaba lo que has empezado.

Era algo que ya habíamos trabajado durante las sesiones. Nadia ya sabía lo que era un gusano: un argumento con apariencia de ser real pero que es falso. Sabía distinguirlos porque los gusanos siempre abogan por ir hacia atrás, incumplir un compromiso personal, ir en contra del crecimiento personal.

Por supuesto, nada más colgar, Nadia se introdujo, sin más, en ese agujero llamado «metro». Al cabo de cuarenta y cinco minutos, recibí un whatsapp:

> He estado recorriendo toda la línea verde del metro de Barcelona y ahora estoy genial. Casi no he tenido ideas de suicidio. Muchas gracias, Rafael 😊

Una persona fuerte y feliz sabe distinguir entre argumentos válidos y gusanos. Y a estos últimos les sabe dar la espalda, no entrar en conversación con ellos.

Para distinguir entre gusanos y argumentos reales podemos seguir el siguiente esquema:

ARGUMENTOS VÁLIDOS	GUSANOS
• Apoyan nuestras decisiones. Son racionales. Nos hacen ir hacia delante. • Nos hacen fuertes. • No evitan ninguna emoción. Están al margen de ellas.	• Van en contra de nuestras decisiones. • Van disfrazados de racionales pero no lo son. • Quieren que huyamos. • Sólo desean evitar las emociones negativas. • Nos hacen débiles. • Quieren que entremos en diálogo con ellos (así nos atrapan).

Los gusanos pueden ser muy hábiles a la hora de inventarse razones. De hecho, muchas veces convencerán a todo el mundo, menos al psicólogo avezado. Por eso, cuando iniciamos una terapia conductual le pedimos a la persona que no hable de su neura con nadie. ¡Ni con la familia ni con sus amigos! El único interlocutor que no se dejará engañar por los *bugs* somos nosotros, los exterminadores de neuras.

De lo contrario, un hermano, por ejemplo, se apiadará del paciente y tenderá a creerse los motivos que esgrime en los momentos de crisis. Cualquier ser querido, convencido por los gusanos, le habría aconsejado a Nadia:

—Niña, coge un taxi y olvídate del metro. ¡Tienes razón en que esa terapia te está yendo fatal!

Llevo muchos años trabajando como psicólogo y he oído toda clase de gusanos, algunos tan convincentes que hasta me han tentado a mí. Pero, por suerte, ya los conozco tan bien que no les doy la más mínima posibilidad.

Ésa es una de las razones por las cuales un psicólogo no puede tratar a familiares ni amigos: no sería objetivo y eso le haría vulnerable a los gusanos.

En este capítulo hemos aprendido que:

- «Dejar pasar el rayo» consiste en permitir que las emociones y los pensamientos negativos transcurran por nuestra mente y se vayan por sí mismos.
- No conviene entrar en diálogo con los pensamientos negativos.
- El 95 % de la producción mental no sirve para nada. No hay que prestarle atención.
- Los traumas son circuitos de energía estancada. Para deshacerlos hay que volver a experimentarlos sin rechazo, con la intención de dejarlos pasar.
- Observar los pensamientos y las emociones desde la distancia, como observadores, les quita credibilidad.

17

Una última lección de sabiduría emocional

Sé que muchos lectores habrán encontrado espeso el capítulo anterior: difícil de entender, aceptar o aplicar. Es normal.

Se trata de un contenido extraño porque nosotros, los seres humanos, estamos acostumbrados a idolatrar nuestro diálogo interno, nuestra inteligencia, nuestros raciocinios. ¡Y ahora estamos poniendo todo eso en entredicho!

Además existe un hábito arraigado en nosotros que nos lleva a huir de las emociones negativas. ¡Ni de coña queremos sentirnos cómodos con ellas!

Por eso, la técnica «dejar pasar el rayo» es algo muy difícil de entender a nivel intelectual. Más bien se trata de algo que tiene que hacer «clic» en la mente; se tiene que comprobar, más que entender.

Por eso este último capítulo está dedicado ¡a lo mismo!

Vamos a volver a la técnica de «dejar pasar el rayo» aunque con unas palabras ligeramente diferentes.

Pero, por favor, amigo lector, que este anuncio no te haga descartar este capítulo antes de tiempo. Mi propósito es que esta sabiduría golpee tu mente de una forma inusual, que de repente te llegue.

Sé que te estoy pidiendo algo raro: leer dos veces seguidas algo muy parecido. Pero, créeme, hay una potente razón para ello.

Espero que vivas este momento de *eureka!* mientras lees estas páginas. De lo contrario, te emplazo para que, en otro momento, lo vuelvas a leer. El premio que hay detrás de esta comprensión será alucinante.

¡QUÉ MENTE MÁS PESADA!

Tenemos un diálogo mental incesante dentro de nuestra cabeza, un diálogo que frecuentemente se contradice, se vuelve frenético, incluso hasta no poder más.

Y si estableciésemos un porcentaje de veracidad de todo eso comprobaríamos que es muy pequeño. La mayor parte de las desgracias que anuncia nunca suceden. Y las pocas que sí tienen lugar no son tan graves como advierte.

¿Cuánto de lo que dice es mínimamente importante? Muy muy poco.

Y si el lector se dice ahora mismo: «¡No hay ninguna voz dentro de mi cabeza!», es justamente a eso a lo que me refiero: ésa es la pesada voz de nuestra mente.

¿POR QUÉ DA LA MATRACA?

Pero ¿por qué está esa voz ahí dentro? ¿Y cuánto de lo que dice termina siendo verdad?

En principio, el objetivo de ese diálogo interior es hacer

que nos sintamos mejor con respecto a lo que está ocurriendo. La mente observa un hecho, se asusta e intenta lidiar con ese malestar pensando en posibles arreglos.

Pero casi siempre todo ese presunto arreglo acaba convirtiéndose en el verdadero problema porque convierte nuestra mente en un aparato obsesivo.

Y los arreglos que encuentra son temporales —se basan en huir— y nos vuelven temerosos para el futuro.

Y, pese a ello, le prestamos atención una y otra vez. ¡A todo lo que dice!

¿Es esto racional? ¿Cuántas veces se ha equivocado esa voz con relación a lo que está sucediendo o lo que puede llegar a suceder?

La vida nos iría mucho mejor si redujésemos la mente al 95 % de su actividad.

Lo dicho: el objetivo del diálogo interno es controlar el mundo externo. Cuando no nos gusta lo que sucede lo verbalizamos, lo juzgamos, nos lamentamos y decidimos qué hacer al respecto. Y esto nos hace sentir más seguros.

Pero tanta prevención, tanta rumiadura, tanta proyección en el futuro... acaba siendo una maldición porque nos impide disfrutar del presente y nos vuelve seres obsesivos y temerosos.

En principio, el diálogo mental actúa como un mecanismo de protección, de defensa, pero acaba siendo un loco generador de miedos, contradicciones y confusión.

¿SOY YO ESA VOZ?

Ahora mismo podemos hacer que nuestra mente diga cualquier cosa, por ejemplo: «Tortilla», y que imagine una jugosa tortilla. ¡Incluso es posible que sintamos hambre!

Podemos repetirlo unas cuantas veces con otros alimentos. Y muy fácilmente nos contemplaremos a nosotros mismos diciendo eso. Veremos una especie de silueta hablando, incluso a la gente que hay cerca.

Cuando nuestros sentidos captan impresiones, por ejemplo, la visión de un árbol, está claro que no somos ese árbol. Eso es algo que está fuera de nosotros mismos.

Y lo mismo sucede con los pensamientos: son producciones de nuestra mente. No tiene sentido identificarnos con ellos.

Podemos observar tres objetos: un árbol, una farola y un coche. Si alguien nos preguntara: «¿Cuál de los tres objetos eres tú?», con toda seguridad responderíamos: «¡Ninguno!». Y es que nosotros somos quienes los ven, somos los observadores. Pues lo mismo sucede con los pensamientos.

ACALLAR LA MENTE

A veces la mente se pone realmente pesada con alguna preocupación. Y entonces deseamos detenerla: «¡Ya basta! ¡Quiero dormir!», decimos. Ésa es nuestra voz interior hablándole a nuestra misma voz. Y eso no suele funcionar.

Cuando la mente se pone pesada, repite en bucle y parece no poder detenerse lo mejor es dar un paso atrás para contemplarla. Podemos considerarla como una segunda persona que habla, como una radio que se ha quedado encendida.

No la juzguemos, no intentemos acallarla, no discutamos con ella: simplemente reconozcamos que existe. Todos tenemos esa mente neurótica. La diferencia la marcará el hecho de ser capaces de apartarnos lo suficiente para que apenas moleste. Así nos abstraeremos del melodrama que suele representar.

«Dejar pasar el rayo» es una habilidad en continuo desarrollo que dará lugar a una mejora crucial en nuestro mundo emocional.

Recordémoslo: basta simplemente con observarnos sintiéndonos temerosos, tristes o irritados. No hay que pensar en ello ni analizarlo. No hay que buscar salidas o soluciones: no hay nada que resolver ni cambiar.

Lo que buscamos es precisamente la habilidad de quedarnos ahí como observadores de todo ello. ¡Incluso llegar a sentirnos cómodos!

Para acallar esa voz, la única vía que funciona es contactar con la «mente grande», donde todo está en paz, y dejar pasar toda esa cháchara para que cese de manera natural por sí misma.

TODOS EN EL MISMO BARCO

Tengamos en cuenta que, en cualquier circunstancia de la vida, nuestra mente neurótica puede decidir de repente: «No quiero estar aquí», e inmediatamente nos sentiremos tensos. Esa maníaca voz puede arruinarnos cualquier cosa que estemos haciendo. ¡Pero no será así, te lo prometo, si nos entrenamos en «dejar pasar el rayo»!

¡Y no lo olvidemos nunca: todos tenemos esa voz! Todos experimentamos miedo, tristeza, abandono y demás. Es completamente falso que exista alguien —plenamente humano— que no sienta esas emociones.

Hace poco me hallaba de vacaciones con mi querida amiga Loles. Llevábamos dos semanas en su aldea natal, en Asturias. Habíamos pasado unas jornadas maravillosas en casa de sus padres, rodeados de vacas y prados.

Pronto volveríamos a Barcelona para reincorporarnos al trabajo. Y Loles estaba ansiosa. A pocos días de nuestra partida, no conseguía dormir bien, estaba tensa y con ganas de llorar.

Le dije:

—Es normal. Todas las personas somos sensibles a los cambios.

—Pero ¿por qué tengo que estar así? —me preguntó—. Si ya hace dos años que vivo en Barcelona y me gusta estar allí.

—No intentes responder a esa pregunta. Permítete estar mal porque no hay nada más humano que eso. Pero no te identifiques con tus emociones: obsérvalas desde la distancia. Tú no eres esos pensamientos y sensaciones: eres mucho más.

—Pero ¿tú también sientes morriña e inseguridad, Rafael?

—¡Por supuesto! Todos los seres humanos experimentamos «todas» las emociones, ¡no te engañes! La diferencia sólo está en lo que hacemos con ellas. Obsérvalas con cariño. Aprécialas. Significa que estás viva.

Es esencial no caer en la trampa de pensar que hay gente

que no siente emociones desagradables. Claro que las sentimos: miedo, ansiedad, vergüenza, celos, envidia, locura de diferentes tipos... Todo eso nos hace humanos y en realidad, hasta cierto punto, es bueno experimentarlas.

DECIDIR EN TIEMPOS DE CORDURA

Y cuando la «mente pequeña» se halla demasiado negativa y cansina, es mejor no decidir nada. La «mente neurótica» no es buena consejera. Es mucho mejor esperar a que aparezca la «mente grande», la cual nos marcará el camino a seguir.

Decidamos pues el rumbo de nuestra vida en los momentos de inspiración y felicidad. Y después practiquemos nuestro nuevo talante: nuestra actitud de valoración y desapego de las emociones y los pensamientos negativos.

Yo conozco meditadores que han alcanzado una gran capacidad para ver las cosas tal como son. Contemplan sus emociones y pensamientos como si de objetos externos se tratasen. Están asentados en su «mente grande». Además, no juzgan ningún evento como «bueno» o «malo».

Esas personas están realmente abiertas a todo: con tranquilidad y curiosidad infantil. Honran todo el espectro de la realidad. Dejan que las cosas se desenvuelvan, reconociendo que tenemos muy poco control sobre lo que sucede.

Aprender a estar abiertos depende de nosotros. Sólo tenemos que recordar que no somos la «mente pequeña», sino la «grande».

Cuando arrecie una emoción negativa podemos decirnos: «No voy a cerrarme. Tengo una maravillosa oportunidad de practicar la apertura y hacerme más cuerdo, fuerte y feliz». Así es como se va construyendo una mente flexible y un sistema emocional realmente sano.

VIVENCIARLO TODO: SOLTAR

Hay tradiciones meditativas que hablan mucho de «soltar» y se refieren, una y otra vez, a permitir que las cosas sean tal como son, a situarnos un paso por detrás de las emociones que tienden a arrastrarnos y contemplarlas tranquilamente.

Todos tenemos la capacidad de desvincularnos de las emociones y los pensamientos negativos. Sólo hay que situarse detrás de los mismos para contemplarlos desde la barrera.

No hay que hacer nada salvo no identificarse, observar y esperar. Llegará el día en que incluso disfrutaremos de ello porque lo reconoceremos como preciosas «vivencias».

Recordemos: siempre tenemos la posibilidad de asentarnos en nuestra «mente grande» para dejar que las impresiones aparezcan, fluyan y se vayan por donde vinieron.

Cuando empezamos a experimentarlo resulta algo maravilloso. Lo que antes suponía un mal trago de horas, días o semanas ahora es algo pasajero, incluso cuestión de segundos. Y luego vuelve el buen rollo, la energía, la alegría abundante.

Así, cuando nos percatemos de que nuestra mente empieza a estar ansiosa, pensemos: «¿Quién es el que se da cuenta de ello?».

La respuesta es: «Nuestra "mente grande", esa que está siempre relajada y feliz, curiosa y llena de limpia energía».

Es muy importante no luchar contra ello, no intentar cambiarlo. Simplemente, permanecer abierto y dejarlo pasar.

Antes hablábamos de «energía mental». Las energías cambian constantemente. Es normal y hay que aceptarlo. En cuanto nuestra energía empiece a moverse y sintamos que nuestra conciencia comienza a ser atrapada por lo negativo, relajémonos para «soltar». Recordemos, una vez más, que «soltar» significa dar un paso atrás para contemplar la energía, en vez de sumergirse en ella.

Es muy importante no involucrarse con la mente, diga lo que diga. No luchar contra ella, no intentar cambiarla. Se trata de aprender a relajarse ante sus diálogos maníacos y no dejarse arrastrar.

RESISTIRSE ES UN ERROR

Pongamos que alguien nos dice algo desagradable:

—¡No sabes mantener tu palabra, capullo!

Y nuestra mente empieza a decir:

—¿Cómo se atreve? ¡Qué sabrá él de mis intenciones! ¿Debería pararle los pies?

Sentimos la punzada del dolor. La rabia, la indignación, la ofensa.

Pues ahora tenemos una oportunidad inmejorable de practicar. Es crucial no responder, no alimentar el diálogo desaforado. ¡Y tampoco evitar el dolor!

Somos los observadores y podemos contemplarnos a nosotros mismos pensando y sintiendo. Es el momento de relajarse en nuestro asiento de atrás: somos mucho más que nuestra «mente pequeña».

Estamos ante el teatrillo de la vida y, en este momento de la función, nos toca «no hacer nada», «no tocar nada», «dejar fluir», «sentirse humano», «contactar con la mente grande».

Aunque suene paradójico, este ejercicio de no-resistencia nos va a liberar, nos va a dar espacio, sosiego, calma profunda, la mayor parte del tiempo; suficiente para tener un nuevo control sobre nuestra vida, un poder olvidado.

Con la práctica, cada vez viviremos más episodios de dicha, de *ananda*, alegría sin causa, plenitud.

Las personas más fuertes y felices no consideran que el dolor sea un problema, sino una manifestación más de la vida. Si las dejamos pasar, todas las experiencias son magníficas y fugaces.

Todo está bien

El ser humano inmaduro piensa que todo lo que da problemas es incorrecto. Todo lo que le trastorna está mal y hay que evitarlo. Pero esa actitud es muy loca por muchas razones.

Primero, porque no puede ser. El universo no funciona así. Las emociones vienen y van.

Segundo, porque entonces no podríamos apreciar los momentos agradables y, simplemente, no existirían.

Tercero, porque no son malos: son experiencias interesantes y, en último extremo, también positivas.

Cuando estemos a punto de morir y repasemos nuestra

vida, miraremos todo eso con simpatía y apreciación porque será sinónimo de «vida».

A medida que vayamos practicando «dejar pasar el rayo», nos daremos cuenta de que nuestros esfuerzos por protegernos de los problemas sólo nos provocan más problemas. Y, por el contrario, la apertura a las emociones negativas da paso al amor, la pasión y una calma desconocida hasta el momento.

La vida está cambiando constantemente, y si intentamos controlarla nunca estaremos satisfechos. La alternativa es aceptarlo todo y reaccionar con entusiasmo ante cada situación. Si nos roban el teléfono móvil significa que ha llegado el momento de cambiarlo por otro diferente o mejor. Nosotros no lo hemos perdido, ha sido la vida con su baile constante la que ha producido esa experiencia.

Si me encuentro irritado por el ruido de los vecinos, esa tensión no la he iniciado yo, ni el vecino ni siquiera el ruido. Ha aparecido en la conciencia: sin más. ¡Es lo normal! Significa que ha llegado el momento de hacer alguna cosa útil en casa al margen del ruido. Toca concentrarse en algo diferente.

Los seres humanos nos liberamos a base de encontrarnos con nosotros mismos. No somos la tensión que sentimos periódicamente. Esas emociones no tienen nada que ver con nuestra esencia. Nosotros somos los que percibimos esas cosas.

Y, para terminar, como decíamos en el capítulo anterior, este tipo de *mindfulness* no requiere meditar, sino simplemente aplicar lo aprendido en cada momento de nuestra vida. La técnica de «dejar pasar el rayo» es una especie de meditación sin meditación. ¡Adelante: tenemos toda la vida para practicarla!

En este capítulo hemos aprendido que:

- El 95 % de la producción mental no sirve para nada.
- Nosotros somos mucho más que esa mente parlanchina.
- Podemos observarnos pensando.
- Ser el observador nos distancia de nuestros pensamientos y emociones.
- Todos los seres humanos experimentamos todas las emociones negativas, y eso no es malo.
- De hecho, nada es «malo» o «bueno»: esa calificación sólo da problemas.

Ejercicios de la Tercera parte

Dejar pasar el rayo: la última técnica
para la paz mental

Como hemos visto, la técnica de «dejar pasar el rayo» consiste en tres pasos:

a) Ponerse en la posición del observador.
b) No responder a los pensamientos; dejarlos fluir.
c) Permitir que nos atraviese la emoción, sin lucha.

Los meditadores budistas llevan a cabo ejercicios diarios de práctica de esta habilidad. Ya hemos visto que esto no es necesario. Podemos practicar con lo que la vida nos va trayendo en cada momento.

Pero de vez en cuando podemos llevar a cabo algún ejercicio de meditación formal. Yo lo hago en ocasiones mientras nado, o si me despierto por la noche sin sueño. Se trata de fijar la atención en la respiración: en el aire que entra y sale por la nariz. Enseguida nos distraerán ideas de todo tipo.

El ejercicio consiste en volver suavemente a la respiración e intentar estar concentrado en ella. De nuevo, al poco, los pensamientos nos invadirán la conciencia. Perfecto. Se trata de volver a concentrarse una y otra vez.

Este ejercicio es una forma de entrenamiento que lo hace todo más fácil en la vida real.

Pero, una vez más, no es necesario llevarlo a cabo. La vida nos traerá por sí misma suficientes oportunidades reales para practicar.